本书受太原科技大学科研启动基金（项目编号：W20182013）、山西省归国留学人员择优资助项目《金融发展、技术进步对山西对外贸易产业升级的影响研究》、山西省哲学社会科学规划课题《推进内陆开放新高地的贸易便利化措施研究》（项目编号：2019B253）及山西省高等学校哲学社会科学一般项目《金融发展对我国对外直接投资影响机制研究》（项目编号：2017258）的资助。

金融发展、融资约束对出口贸易的影响研究

杜晓英◎著

经济管理出版社
ECONOMY & MANAGEMENT PUBLISHING HOUSE

图书在版编目（CIP）数据

金融发展、融资约束对出口贸易的影响研究/杜晓英著．—北京：经济管理出版社，2022.12

ISBN 978-7-5096-8858-8

Ⅰ.①金… Ⅱ.①杜… Ⅲ.①金融业—经济发展—影响—出口贸易—研究—中国
Ⅳ.①F752.62

中国版本图书馆 CIP 数据核字(2022)第 253348 号

责任编辑：张莉琼　王　慧
责任印制：黄章平
责任校对：蔡晓臻

出版发行：经济管理出版社
（北京市海淀区北蜂窝 8 号中雅大厦 A 座 11 层　100038）
网　　址：www.E-mp.com.cn
电　　话：（010）51915602
印　　刷：唐山玺诚印务有限公司
经　　销：新华书店
开　　本：720mm×1000mm/16
印　　张：11.5
字　　数：181 千字
版　　次：2023 年 3 月第 1 版　　2023 年 3 月第 1 次印刷
书　　号：ISBN 978-7-5096-8858-8
定　　价：68.00 元

前　言

近年来，全球贸易在曲折中发展。随着国际贸易摩擦不断升级，全球贸易形势严峻，增长乏力。2020年以来，在新冠肺炎疫情的冲击下，世界贸易量急剧萎缩。2021年，由于大宗商品价格上涨、疫情限制取消以及经济刺激计划，世界贸易需求强劲复苏，世界货物贸易增长较快。据世界贸易组织统计，2021年全球贸易总额28.5万亿美元，同比增加25%，比2019年疫情暴发前高出13%。

近三十年来，全球金融市场发展迅速。2020年全球金融资产上升到191520亿欧元，是2010年全球金融资产82243亿欧元的2.33倍。其中，股票市场发展迅速，股票资产在全球金融总资产中的比重显著提高。全球金融发展呈现金融监管国际化、金融管制放松化、金融创新化、银行资本集中化、银行经营跨国化等趋势。

全球出口贸易发展的同时，全球金融也在发展，二者是否存在影响，影响机制是什么？国内外学者在内生增长理论、比较优势理论、新贸易理论的框架下论述了金融发展对出口贸易的影响机制并进行了实证研究。新新贸易理论产生后，学者的研究视角从宏观转向微观，开始关注融资约束对出口贸易决策的影响。但当前相关研究仍存在以下不足：①较少进一步将集约边际细分为数量边际和价格边际，研究金融发展、融资约束对出口三元边际的影响；②较少从集约边际上研究产品出口持续时间以及金融发展、融资约束对出口持续时间的影响机制；③较少从扩展边际上关注出口市场选择问题以及金融发展、融资约束对出口产品市场选择的影响。

本书从金融发展缓解企业融资约束角度探索金融发展对出口贸易影响机制并进行实证检验。同时，从三方面拓展了金融发展、融资约束对出口二元边际的影响：将金融发展对二元边际（扩展边际和集约边际）影响的研究拓展到对三元边际（出口产品种类扩展边际、数量边际和价格边际）影响的研究；以出口国或地区扩展边际表示出口国或地区数量，进一步研究金融发展是如何影响国际贸易出口目的地的选择的；以集约边际表示持续出口的出口量，本书关注持续出口的产品究竟能持续多长时间，研究金融发展对出口贸易关系持续时间的影响。本书丰富了金融发展、融资约束对出口贸易影响的研究成果，得出了一些创新性结论，因而具有一定的理论意义。

本书沿着“提出问题—特征性事实—理论分析—实证研究—政策建议”的思路展开研究。主要结论如下：

第一，金融发展与出口贸易发展的趋势及差异性。全球金融发展迅速，不同收入水平的国家或地区其金融发展存在差异。出口扩展边际和数量边际随出口相对份额的增加而增加。金融发展水平高的国家或地区出口扩展边际和价格边际高于金融发展水平低的国家或地区，金融发展水平低的国家或地区出口数量边际高于金融发展水平高的国家或地区；大多数国家或地区的出口目的地数量较大，出口目的地平均数量逐年增加；金融发展水平越高的国家或地区出口目的地数量越多；出口贸易关系持续时间较短，金融发展水平高的国家或地区出口贸易关系持续时间比金融发展水平低的国家或地区长。

第二，关于金融发展、融资约束对出口三元边际的影响。企业产品在进入出口市场前，企业需要花费时间和精力搜集目标市场信息，根据消费者偏好调整产品，建立分销渠道。企业需要支付前期固定成本，一旦留存收益和营业现金流不足以支付这些固定成本，企业将面临融资约束。企业在资金约束条件下实现利润最大化，存在出口生产率分界点，金融发展可以降低坏账风险，企业更容易获得外部融资，使出口生产率分解点降低，提高企业出口概率，增加出口产品种类。因此，金融发展有利于缓解融资约束，提高出口概率和出口量。与金融依赖程度低的行业相比，融资依赖程度高的行业金融发展对出口概率、出口产品种类、出口量的影响效应更大。同时，融资约束影响出口产品质量（价格），而金融发展可以缓解融资约束，使企业以更高的价格出口质量更高的商品。因此，金融发展可以提高出口产品种类扩展边际、数量边际和价格边际。本书采用 CEPII-BACI

数据库 118 个出口国或地区和 96 个进口国或地区 HS 6 分位（1992 年版本）数据，实证研究表明金融发展可以提高出口产品种类扩展边际、数量边际和价格边际。金融发展主要通过扩展边际提高出口相对份额，其影响效应约占总体影响效应的 2/3。随着全球金融和出口贸易的发展，金融发展对出口扩展边际和数量边际的影响效应减弱，对出口价格边际影响效应增强，金融发展对价格边际的促进作用超过对扩展边际和数量边际的促进作用。

第三，关于金融发展、融资约束对出口目的地选择的影响。考虑到出口目的地市场异质性，通常出口贸易成本低而经济规模大的经济体市场潜力大，对出口企业吸引力大，产生了按市场潜力排序的出口目的，企业获得利润大小决定了市场潜力。异质性企业如果增加出口目的地数量，可能会使利润增加但也不可避免地使出口前期投入成本增加，因而需要抵押更多资产。出口企业按照可获得利润大小顺序（市场潜力）对出口目的地排序，优先选择市场潜力大的市场，按市场潜力顺序增加出口目的地数量，直到全部耗尽可抵押资产。在这个过程中存在最优出口生产率分解点，该分解点决定出口企业可以选择的出口目的地市场潜力，也决定了出口目的地数量。金融发展使企业出口生产率分界点降低，使出口企业可以选择市场潜力排序更低的目的地市场，增加出口目的地数量。在融资依赖行业，金融发展对出口企业目的地选择的影响更大。本书采用 CEPII-BACI 数据库 65 个出口国或地区和 113 个进口国或地区 HS 6 分位产品出口贸易数据进行的实证研究表明：金融发展对出口市场潜力的最小值显著为负，金融发展与外部融资依赖性的交叉项对出口市场潜力影响显著为负，金融发展与资产有形性的交叉项显著为正；金融发展对出口目的地数量显著为正，金融发展与外部融资依赖性的交叉项显著为正，金融发展与资产有形性的交叉项显著为负。以上研究表明，企业按由利润决定的市场潜力选择出口目的地。金融发展降低了出口生产率的分解点，使出口企业可以选择市场潜力更低的目的地，增加出口目的地数量。

第四，关于金融发展对出口贸易关系持续时间的影响。考虑出口多期的情况，可以将出口固定成本细分为进入出口市场初期一次性投入的固定成本和每期均需投入的固定成本。当期望利润高于出口前期固定成本与进入出口市场后每期需支付的固定成本现值与可变成本之和，企业会进入新出口市场。进入某一出口市场后，如果企业获得的期望利润高于当期固定成本与可变成本之和，企业便会留在该市场；如果期望利润低于当期固定成本与可变成本之和，企业则会退出该市场。出口前期投入成本的存在使企业出口持续时间增加，因为一旦退出，企业想进入该市场就不得不再次支付高昂的前期投入成本。金融发展使出口初期投入的固定成本融资变得容易，提高了出口可能性，金融发展也使当期固定成本融资变得容易，降低了退出出口市场的可能性，因此金融发展延长了出口贸易关系持续时间。采用 CEPII-BACI 数据库 65 个出口国或地区 HS 6 分位产品层面数据测算出口贸易关系持续时间，运用 Cox 比例风险模型的实证研究表明金融发展对出口风险率存在显著负效应，金融发展可以延长出口贸易持续时间。在保持其他因素不变的情况下，金融发展水平每增加一单位，会导致出口风险率下降 0.13%，贸易关系持续时间则会增加。融资依赖程度高的行业金融发展对出口贸易关系持续时间的影响效应高于融资依赖程度低的行业。

与相关文献相比，本书的特色和主要创新之处在于得出了一些以往研究没有得到的结论：随着全球金融和出口贸易的发展，金融发展对出口扩展边际和数量边际的影响效应在减弱，对出口价格边际的影响效应在增强；金融发展主要通过扩展边际来影响出口，金融发展对价格边际的影响作用最弱，但是随着全球金融和出口贸易的发展，金融发展对价格边际的促进作用超过对数量边际的促进作用；企业按出口目的地市场潜力排序来选择出口目标市场，金融发展缓解了融资约束降低了出口生产率分解点，出口企业可以渗透到市场潜力更低的市场，出口目的地数量增加。金融发展对出口市场潜力最小值和出口目的地数量的影响效应在融资依赖行业更大。发展中国家或地区金融发展对出口市场潜力和出口目的地数量的影响效应高于发达国家或地区；与低融资依赖行业相比，金融发展对出口贸易关系持续时间的影响效应在融资依赖程度高的行业更大。

未来研究应该构建反映金融发展的综合指标体系，更加全面地反映全球金融发展，采用主成分分析法进行实证研究，以更真实全面地反映金融发展对出口三元边际、出口贸易关系持续时间、出口目的地市场选择的影响。

目　录

第一章　引言

第一节　研究背景和研究意义

一、研究背景

近年来，全球贸易在曲折中发展。据世界贸易组织（WTO）统计，全球贸易总额由1995年的5.04万亿美元增长到2020年的28.5万亿美元。2001年之前，全球出口贸易增长较慢。2001~2008年，全球出口贸易以GDP两倍速度增长。受2008年全球金融危机影响，2009年全球贸易开始下滑，各国纷纷采取积极措施稳定出口，2010~2016年，全球贸易低速增长，贸易增速连续5年低于3%。2017年全球需求开始回暖，2018年全球经济出现明显的复苏迹象，在2008年全球金融危机过去近10年之后，全球经济终于从“危机慢挡”换入“增长快挡”。但是，2019年国际贸易摩擦不断升级，受到发达国家新增的关税条目和报复性措施、放缓的经济增速、金融市场的动荡以及紧张的货币环境等因素的影响，全球贸易形势艰难，增长乏力。2020年，在新冠肺炎疫情冲击下，世界贸易急剧萎缩，第二季度世界货物贸易出现历史性下滑。世界贸易组织的数据显示，2020年第二季度全球货物贸易量环比下降14.3%，其中欧洲和北美地区的货物贸易量萎缩幅度较大，分别下滑21%和20%；亚洲地区受影响较小，跌幅为7%。2021年，随着大宗商品价格上涨、疫情限制的取消以及经济刺激计划导致世界货物贸易需求强劲复苏。2021 年全球贸易总额达 28.5 万亿美元，同比增加 25%，比 2019 年疫情暴发前高出 13%。

全球出口贸易发展的同时，全球金融也在发展。近三十年来，全球金融发展迅速。根据《2021 年安联全球财富报告》，2020 年全球金融资产首次突破 200 万亿欧元，是 2010 年全球金融资产的两倍多。股票市场发展迅速，全球大部分国家股票总市值与 GDP 之比在增加。金融资产结构发生变化，股票资产在总资产中占的比重在增加，债券资产在总资产中占的比重在降低。金融全球化趋势明显，国家间资本流动频繁。全球金融发展呈现金融监管国际化、金融管制放松化、金融创新化、银行资本集中化、银行经营跨国化等趋势。当前，受新冠肺炎疫情的影响，全球金融市场风险加剧，但随着新冠疫苗接种率的提高，各国纷纷出台量化宽松政策，国际金融市场逐渐稳定。

出口贸易发展和金融发展可以推动国家经济发展。这两者之间是否会相互影响？如果相互影响，其影响机制是什么？国际贸易领域的研究学者主要关注金融发展对出口贸易的影响。Kletzer 和 Bardhan（1987）认为传统国际贸易理论潜在假定金融市场是完善的，但现实中金融市场是不完善的，金融发展会对国际贸易产生影响，他们将金融部门引入 H-O-S 模型研究了金融市场不完善对出口贸易的影响。之后，许多学者关注金融发展对出口贸易的影响。不同学者对金融发展内涵理解存在差异，多数学者认为金融发展是丰富金融资源、改善金融制度、优化金融结构和增强金融功能的过程，他们基于各自对金融发展内涵的理解在内生增长理论、比较优势理论、新贸易理论的框架下论述了金融发展对出口贸易的影响机制，得出金融发展有利于出口贸易的结论。Beck（2002，2003）、Hur 等（2006）、Svalery 和 Vlachos（2005）、Becker 等（2013）、阳佳余（2007）等则通过建立计量模型实证分析了金融发展对出口贸易的影响。随着研究的深入，国内外学者不再局限于金融发展对出口贸易总额影响的研究，而是不断拓展金融发展对出口贸易的研究维度，关注金融发展对出口贸易商品结构、技术结构、贸易差额的影响以及是否构成比较优势的来源。新新贸易理论（New-New Trade Theory）产生后，金融因素对出口贸易影响的研究与新新贸易理论逐渐结合，研究视角从宏观转向微观。Chaney（2005）、Manova（2008）、Muuls（2008）、Feenstra 等（2014）建立理论模型分析融资约束对企业出口的影响。Manova、Wei 和 Zhang（2011），Minetti 和 Zhu（2011）等实证研究了融资约束与企业出口的相互关系。

随着研究的推进，学者开始关注融资约束对企业出口决策以及出口二元边际的影响以及金融发展对出口二元边际的影响。大多数学者研究得出融资约束会抑制企业出口扩展边际、金融发展可以提高出口扩展边际的结论，但对出口集约边际是否有影响存在争议。由于数据受限，学者对二元边际（扩展边际和集约边际）内涵的理解存在差异。主要包括以下三方面：第一，国家层面。采用国家层面数据的研究以出口国家数量来衡量出口扩展边际，主要研究金融发展对出口二元边际的影响。第二，产品层面。以出口产品种类数来衡量出口扩展边际，研究金融发展对出口二元边际的影响。第三，企业层面。以出口企业数量或者企业出口的概率来衡量出口扩展边际，研究金融发展、融资约束对出口二元边际的影响。

尽管相关研究成果丰硕，但是当前研究还存在以下不足：①较少关注金融发展对出口扩展边际、数量边际和价格边际的影响，以及金融发展对出口贸易关系持续时间的影响、金融发展对出口目标市场选择的影响。②较少考虑出口目的地市场的异质性。③大多数研究是静态的，动态研究的相关文献较少。④现有金融发展、融资约束对出口三元边际的影响研究忽略了“零贸易”现象，仅用正贸易流量数据回归存在样本选择问题。⑤现有金融发展对出口贸易关系持续时间影响的研究没有区分金融发展对出口贸易关系持续时间与金融发展对出口贸易关系持续时间在融资依赖程度不同的行业间的差异性。⑥Manova 和 Chan（2015）关于金融发展对出口贸易伙伴选择影响的研究中，许多金融发展系数不显著，只有交叉项系数显著。

本书关注出口“零贸易”现象，研究金融发展如何缓解企业融资约束对出口贸易的影响。本书重点关注：①金融发展是否会影响出口三元边际，影响机制是什么，金融发展对出口三元边际影响的相对重要性如何；②企业如何选择出口目标市场，金融发展如何影响企业出口目标市场选择；③金融发展是否影响出口贸易关系持续时间，是通过什么机制影响的。

二、研究意义

本书的研究具有较强的理论意义和现实意义，具体表现在：

（一）理论意义

本书关注出口贸易中的“零贸易”现象，拓展了金融发展、融资约束对出口二元边际的研究，丰富了金融发展、融资约束对出口贸易影响的研究成果。

1. 从三方面拓展金融发展、融资约束对出口二元边际的研究

Manova（2008，2013）的研究表明金融发展可以提高扩展边际和集约边际。在实际贸易中，同种类的产品可以出口到多个国家，相同进口国可以进口不同种类的商品。因此，对于特定出口国或地区，可以从出口产品种类理解出口扩展边际；对于特定产品，可以从出口国或地区数量理解出口扩展边际。本书从以下三个方面拓展金融发展对出口扩展边际和解约边际的研究：第一，将出口分解为出口产品种类扩展边际、数量边际和价格边际，研究金融发展对出口三元边际的影响。第二，如果从国家或地区数量角度理解扩展边际，金融发展可以促进出口国或地区数量的增加，而本书进一步分析出口企业是如何选择新增加的国家的，以及金融发展是否会影响出口目标市场的选择。第三，集约边际表示持续出口产品的出口量，本书进一步研究持续出口产品的国家或地区可以维持多长时间的出口，研究金融发展对出口贸易持续时间的影响。

2. 丰富了金融发展、融资约束对出口贸易影响的研究成果

本书运用相关理论模型分析了理论影响机制，用定性分析和定量分析相结合的方法揭示了特征性事实，运用严谨的计量经济学方法进行实证研究，得出创新性结论：①随着出口贸易和全球金融的发展，金融发展对出口扩展边际和数量边际影响效应逐渐减弱，对出口价格边际的影响效应逐渐增强。金融发展主要通过扩展边际影响出口，但金融发展对价格边际的影响效应会超过对数量边际的影响效应，二者的相对重要性会发生变化。②融资依赖行业的金融发展对出口贸易关系持续时间的影响更大。③发展中国家或地区金融发展对出口市场潜力和出口目

的地数量的影响效应比发达国家或地区的大。这些结论进一步丰富了金融发展、融资约束对出口贸易影响的研究成果。

3. 计量方法对其他出口三元边际影响因素的实证研究有重要借鉴意义

本书借鉴相关研究成果，考虑“零贸易”现象，首次采用 Heckman 样本选择模型研究金融发展对出口三元边际的影响。目前，国内关于出口三元边际影响因素的实证分析没有忽略“零贸易”现象，仅用正贸易值进行回归样本来选择问题，本书的方法对此方面的研究有重要借鉴意义。

（二）现实意义

本书的研究对世界各国或地区出口贸易发展和金融发展均有重要借鉴意义。一是要积极采取措施促进金融发展，发挥金融发展在提高出口种类扩展边际、数量边际和价格边际方面的作用，促进出口增长；二是发挥金融发展在开拓新出口市场方面的作用，应当优先选择市场潜力大的国家或地区，出口到目标市场的贸易成本和出口目的国或地区的经济规模决定了市场潜力，应根据目的地市场有针对性地制定金融支持政策。三是发挥金融发展分散出口风险，稳定出口贸易关系，延长出口贸易关系持续时间的作用。

当前，我国出口比较优势减弱，要素成本提高，国际市场需求乏力，出口增速放缓。“十三五”时期，我国需要维持出口增长态势，稳定出口大国地位。一是进一步优化出口结构，提高出口产品质量，从贸易大国向贸易强国迈进。二是在推进全球贸易发展中承担更多责任，积极推进“丝绸之路经济带”建设。三是参与全球经贸规则执行，在中国（上海）自由贸易试验区建设中先行先试，形成可复制可推广的经验。四是积极采取措施进一步推进金融体制改革，完善金融体系，提高金融市场运行效率，使金融体系能更好地服务于企业出口。五是发挥金融发展在促进出口增长，提高出口产品质量，开拓出口市场，延长出口贸易关系持续时间方面的作用。六是在“丝绸之路经济带”建设和中国（上海）自由贸易试验区建设中重视金融发展对出口贸易的促进作用。

第二节　研究思路、研究方法及研究内容

一、研究思路

本书沿着“提出问题—特征性事实—理论分析—实证研究—政策建议”的思路逐渐展开研究。首先，从理论和实证两方面系统梳理了金融发展对出口贸易影响的文献，并进行简要评价，指出当前研究的不足，提出本书研究的问题。其次，分析了全球金融发展和出口贸易的现状，揭示了收入水平不同的国家或地区的金融发展水平的差异性，比较了金融发展水平高的国家或地区和金融发展水平低的国家或地区的出口三元边际、出口目的地数量和出口贸易关系持续时间差异性。再次，从金融发展缓解企业融资约束的角度分析了金融发展对出口三元边际的影响机制、金融发展对出口目的地选择的影响机制以及金融发展对出口贸易关系持续时间的影响机制。又次，采用规范的计量经济学方法进行实证研究，证明金融发展可以通过缓解企业融资约束促进出口三元边际的提高、出口目标市场数量的增加、出口贸易关系持续时间的延长。最后，基于理论和实证研究结论提出相应的政策建议，并指明未来研究方向。本书的技术路线如图 1-1 所示。

二、研究方法

本书综合运用以下方法分析金融发展对出口贸易的影响，从金融发展的融资功能角度解释影响机制。

1. 系统分析与重点分析相结合

在全球金融发展和国际贸易发展的背景下，全面系统地归纳和总结了金融发展对出口贸易的影响的理论与实证文献，并进行简要评价。本书重点选择了出口三元边际、出口目的地市场选择与出口贸易关系持续时间维度进行分析，拓展了金融发展、融资约束对出口二元边际影响的研究。金融发展对出口贸易的影响机制可以从

多个角度解释，本书主要从金融发展缓解融资约束的角度解释相关结论。

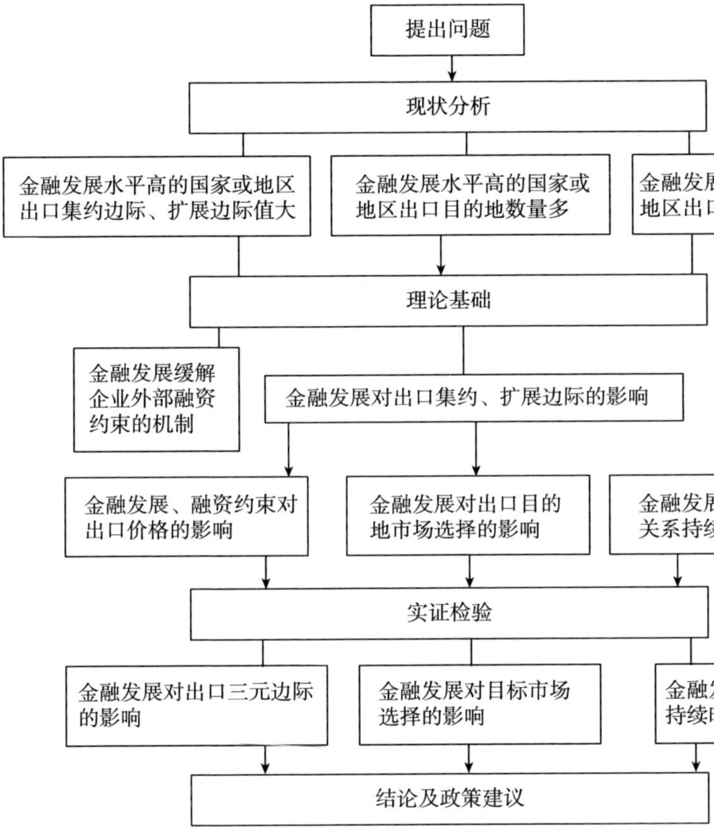

图 1-1　本书的技术路线

2. 定性分析与定量分析相结合

本书定性分析了全球金融发展的现状与特征，以及全球出口贸易的发展状况，并对全球金融资产总量、资本市场发展状况、出口贸易额、出口贸易三元边际、出口目的地数量和出口贸易关系持续时间进行定量分析，定性分析和定量分析相结合的方法有利于准确、清晰地分析全球金融与出口贸易的发展状况。

3. 比较分析法

本书首先比较了经济发展水平不同的国家或地区间金融发展的差异性；其次

比较了金融发展水平高的国家或地区和金融发展水平低的国家或地区出口三元边际、出口目的地数量、出口贸易关系持续时间的差异性；再次比较了金融发展对不同融资依赖程度的国家或地区间出口目标市场与出口贸易关系持续时间的影响；最后比较了金融发展对发展中国家或地区和发达国家或地区贸易关系持续时间影响的差异性。

4. 理论分析与实证分析相结合

本书在借鉴国内外相关研究成果的基础上分析了金融发展和融资约束对出口产品三元边际的影响机制、金融发展对出口目标市场选择的机制、金融发展对出口贸易关系持续时间的影响机制，用 Heckman 两阶段模型实证分析金融发展对出口三元边际的影响，用混合 OLS 方法研究金融发展对出口目标市场选择的影响，用 Cox 比例风险模型实证分析金融发展对出口贸易关系持续时间的影响。

三、研究内容

本书从融资约束视角分析金融发展对出口贸易的影响，共分八章。各章研究内容及主要观点如下：

第一章引言。本章介绍了研究背景、提出研究的问题并分析研究意义；理清研究思路、研究框架，介绍研究方法；阐述研究内容及主要观点，本书特色与主要创新之处。

第二章文献综述。本章梳理了金融发展、融资约束对出口贸易影响的理论和实证文献，并进行简要评述，发现出口贸易中关于金融因素的研究与新新贸易理论的结合日益密切，主要从金融发展的融资功能角度研究金融发展、融资约束对出口贸易的影响。当前相关研究视角从宏观转向微观，研究范围不断拓展，研究成果日渐丰富。然而，当前研究尚存在以下不足：①研究范围有待进一步拓展。实证研究主要关注金融发展对出口二元边际的影响，较少关注金融发展对出口三元边际、出口产品质量、出口贸易关系持续时间以及出口目的地市场选择的影响。②忽略了出口目的地市场的异质性。理论和实证研究主要关注出口企业的异质性，较少关注需求者的异质性，事实上，由于出口目的地国或地区经济规模不同，企业出口到不同目的地面临的出口贸易成本不同。③当前研究主要是静态研究，动态研究较少。仅有少数文献关注出口动态性，研究金融发展对出口贸易关系持续时间的影响。但这些文献没有区分金融发展对出口贸易关系持续时间的影响及其在不同融资依赖程度行业间的差异性。

第三章全球金融发展与出口贸易发展状况分析。本章采用定性分析与定量分析相结合的方法分析全球金融和出口贸易的发展状况，采用比较研究方法分析金融发展水平不同的国家或地区在出口总量、出口产品种类扩展边际、数量边际和价格边际以及出口贸易关系持续时间的差异性。通过研究发现：①全球金融发展迅速，收入水平不同的国家或地区间金融发展水平差异明显。②金融发展水平高的国家或地区出口额高于金融发展水平低的国家或地区。③随着出口贸易的发展，扩展边际和数量边际随出口份额下降而下降，发达国家或地区出口价格边际较高。金融发展水平高的国家或地区出口扩展边际和价格边际均高于金融发展水平低的国家或地区。金融发展水平低的国家或地区出口目的地数量边际高于金融发展水平高的国家或地区。④发展中国家或地区出口目的地市场数量在增加。金融发展水平高的国家或地区出口市场数量多于金融发展水平低的国家或地区。⑤出口贸易关系持续时间平均为 3.84 年，相较于 17 年的样本期较短，有 69.33% 的出口贸易关系持续时间不超过两年。金融发展水平高的国家或地区出口贸易关系持续时间长于金融发展水平低的国家或地区。

第四章金融发展、融资约束对出口贸易影响的理论分析。本章第一节分析金融发展对企业融资约束的缓解作用，认为金融发展可以降低融资过程中的信息不对称和逆向选择问题，通过优化资源配置、提高储蓄、分散风险来缓解企业融资约束。借鉴 Manova（2008，2013）和 Fan 等（2015）的模型分析金融发展对出口三元边际的影响机制。金融发展可以缓解企业融资约束，降低出口生产率分解点，促进产品扩展边际和国家扩展边际的提高，与融资依赖程度低的部门相比，金融发展对出口产品扩展边际和出口目的地国家或地区数量扩展边际在融资依赖部门的影响效应更大。高融资依赖部门的金融发展对产品集约边际的影响效应比低融资依赖部门的影响更大。金融发展可以缓解融资约束而使企业以更高的价格出口高质量的产品。第四节借鉴 Chan 和 Manova（2015）的模型分析金融发展对出口目的地市场选择的影响机制。进口国或地区的市场规模和成本决定了出口目标市场的潜力排序，金融发展降低了企业出口生产率的分界点，金融发展水平高的国家或地区可以出口到市场潜力排序更低的市场，将产品出口到更多目的地国家或地区。金融发展对出口目的地选择的影响在融资依赖性强和资产流动性低的部门更大。第五节借鉴吴晓怡和邵军（2014）的模型分析金融发展对贸易关系持续时间的影响，进一步将出口固定成本分为进入出口市场投入的初始固定成本和每期投入的固定成本。考虑多期情况，企业在进入新出口市场、继续出口到已经进入的出口市场和退出已经进入的出口市场之间进行动态最优化决策。当期望利润现值高于出口期初投入的前期固定成本和进入出口市场后每期需要支付的固定成本时，企业进入新出口市场。一旦进入某一出口市场，如果期望利润现值高于每期支付的固定成本，企业继续出口到该市场；如果期望利润低于每期支付的固定成本，企业退出该出口市场。金融发展缓解了外部融资约束，使企业出口前期固定成本融资变得容易，提高了进入出口市场的概率，也使每期支付的固定成本融资变得容易，降低了企业退出出口市场的风险。因此，金融发展提高了出口贸易关系持续时间。

第五章金融发展对出口三元边际影响的实证研究。利用跨境层面出口数据进行三元分解，采用 Heckman 两阶段估计研究金融发展对出口三元边际的影响，以法律制度做工具变量解决内生性问题，并考虑异方差问题。研究结果表明金融发展对出口产品种类扩展边际、数量边际和价格边际有显著促进作用。金融发展主要通过扩展边际提高出口相对份额。随着全球金融和出口贸易的发展，金融发展对出口扩展边际和数量边际的影响效应逐渐减弱，对价格边际的影响作用逐渐增强。金融发展仍然主要通过扩展边际影响出口，数量边际和价格边际的相对重要性发生变化，金融发展对价格边际的影响作用逐渐超过对数量边际的影响作用。

第六章金融发展对出口目标市场选择影响的实证研究。采用 CEPII-BACI 数据库中 65 个出口国或地区、96 个进口国或地区跨境数据进行实证研究，结果表明企业按照出口目的地市场潜力选择出口目标市场。贸易成本低而市场规模大的经济体市场潜力大。金融发达的国家或地区可以渗透到市场潜力更低的市场，将产品出口到更多的出口目的地国家或地区。与金融依赖程度低的行业相比，融资依赖行业高的部门金融发展出口市场潜力最小值和出口目的地数量的影响效应更大。与发达国家或地区相比，发展中国家或地区的影响效应更大。

第七章金融发展对出口贸易关系持续时间影响的实证研究。采用 Cox 比例风险模型实证研究表明金融发展可以延长出口贸易关系持续时间，与融资依赖程度低的行业相比，融资依赖程度高的行业金融发展对出口贸易关系持续时间的影响效应大。

第八章研究结论及政策建议。归纳研究结论，提出结论的政策含义以及对中国的启示，指出本书研究的不足之处及未来研究方向。

第三节　本书主要创新之处

本书的特色与主要创新之处在于：

一、研究思路的创新

本书关注“零贸易”现象，拓展金融发展、融资约束对出口集约边际和扩展边际影响的研究。Helpman 等（2008）最先指出出口贸易中存在“零贸易”现象并从理论上解释“零贸易”现象存在的原因，引发了国内外学者对出口扩展边际的关注。大多数文献只是在出口扩展边际和集约边际影响因素的研究中关注“零贸易”现象。事实上，正是由于“零贸易”现象的存在，研究出口产品种类扩展边际、企业如何选择出口目标市场才能突破双边“零贸易”和突破“零贸易”后出口贸易关系持续时间才有意义。

本书从三个方面拓展金融发展对出口集约边际和扩展边际的实证研究：第一，采用 Hummuls 和 Klenow（2005）的方法，在产品层面将集约边际进一步分解为出口产品种类数量边际和价格边际，研究金融发展对出口三元边际的影响。第二，在国家或地区层面扩展边际的研究。国家或地区层面扩展边际是指出口国或地区数量的增加，在考虑目的地市场异质性，以及企业是如何选择新增加的出口目的地市场的基础上，研究金融发展是否会影响出口目标市场选择。第三，拓展产品层面集约边际的研究。通常集约边际研究的是持续出口的出口量，本书考虑到出口动态性，研究金融发展对出口贸易关系持续时间的影响。

二、研究结论的创新

通过研究得出一些其他文献尚未得出的结论，主要有：

金融发展可以促进扩展边际、数量边际和价格边际的提高。进一步分析表明：随着全球金融和出口贸易发展，金融发展对出口扩展边际和数量边际的影响效应在减弱，对出口价格边际的影响效应在增强。金融发展主要通过扩展边际来影响出口，其中对价格边际的促进作用最弱，但是随着全球金融和出口贸易的发展，金融发展对价格边际的促进作用超过对数量边际的促进作用。

由于出口目标市场经济规模不同，企业出口到该市场的成本不同，这产生了出口目的地市场潜力排序。企业按出口目的地市场潜力排序来选择出口目标市场。生产率高的企业可以进入出口市场潜力更低的市场，金融发展缓解了融资约束，降低了出口生产率分解点，让企业可以渗透到市场潜力更低的市场，出口目的地数量增加。金融发展对出口市场潜力最小值和出口目的地数量的影响效应在融资依赖行业更大。发展中国家或地区的金融发展对出口市场潜力和出口目的地数量的影响效应高于发达国家或地区。

金融发展可以使出口贸易关系持续时间延长。与低融资依赖行业相比，金融发展对出口贸易关系持续时间的影响效应在融资依赖程度高的行业更大。以往的文献并未揭示金融发展对出口贸易关系持续时间的融资依赖程度方面的行业差异性。

三、研究方法的创新

本书采用 Heckman 两阶段估计研究金融发展对出口三元边际（出口产品扩

展边际、数量边际和价格边际）的影响。有关金融发展对出口三元边际影响的一些文献中（赵磊，2011；施炳展，2011；吕红颜，2014）忽略了“零贸易”现象，仍然采用传统方法对出口额为正的数据进行回归，存在样本选择问题，估计结果有偏误。为此，本书采用 Heckman 两阶段估计方法，第一阶段在 Heckman 选择方程中加入进口国或地区新办企业需要签订法律文件变量作为进口成本的代理变量，保证 Heckman 模型可以被有效识别，在第二阶段回归方程中加入第一阶段回归得到的逆米尔斯比率（Inverse Mills Ratio，IMR）来解决样本选择性偏差问题。第二阶段回归得到的逆米尔斯比率在 1%的显著性水平上显著不为零，表明存在样本选择性问题且该问题不应该被忽略。

第二章　文献综述

1973 年，美国经济学家罗纳德·麦金农的《经济发展中的货币与资本》及爱德华·肖的《经济发展中的金融深化》这两本著作的问世标志着金融发展理论的创立。之后，以卡普和马西森为代表的经济学家进一步拓展了金融发展理论，但并未突破麦金农和肖的研究框架。20 世纪 90 年代之后，金融发展理论研究发展迅速，学者深入阐述了金融中介机构和金融市场内生形成及影响经济增长的理论机制。

金融发展理论研究表明金融发展可以促进经济增长，而出口贸易是经济增长发动机的观点在贸易领域存在已久。因此很长时间内，金融发展和国际贸易是在相互独立的领域内分别展开研究的，忽略了金融发展与国际贸易的相互影响。随着金融发展理论研究的发展，一些经济学家开始关注两者的关系。从事国际贸易理论研究的学者主要从金融发展对出口贸易影响的角度研究两者的关系。Kletzer 和 Bardhan（1987）最先关注金融发展对出口贸易的影响，在 H-O-S 模型中引入金融部门，从制度视角研究信贷市场信息不完全情况下金融发展对出口贸易的影响。之后，许多学者研究了金融发展对出口贸易的影响，针对金融发展对出口贸易的影响机制进行了分析。随着国际贸易理论研究的不断深入和国际贸易形势的不断变化，金融发展对出口贸易的研究主题不断增加，不再局限于研究对出口贸易总量的影响，研究成果不断丰富。新新贸易理论产生后，国际贸易理论研究视角从宏观转向微观，开始关注融资约束对出口贸易的影响。本章从金融发展的内涵度量指标以及理论和实证两方面梳理相关文献，并进行简要评述。

第一节 金融发展的内涵

金融发展思想源于经济增长中对金融作用的理解。1912 年，熊彼特在其著作《经济发展理论》一书中提出应当发展功能完备的银行体系以支持和激励创新，促进经济增长。随着金融实务的发展，20 世纪 60 年代到 70 年代，以 Goldsmith、McKinnon 为代表的西方经济学家开始研究金融发展理论，Goldsmith（1969）最先提出金融发展的定义，随着金融发展理论的发展，Edward（1973）、McKinnon（1973）等提出了不同的观点，之后经济学家们进一步丰富了金融发展的内涵。当前，经济学家们对金融发展还未形成统一的理解，主要从以下四个角度理解金融发展的内涵：

1. 金融结构观

雷蒙德·戈德史密斯在其著作《金融结构和金融发展》中最先从金融结构变化角度理解金融发展的内涵，认为金融发展从量上来看是金融机构、金融产品不断增加的过程，从质上来看表现为金融结构改变和金融市场完善。金融发展过程是金融逐渐成为经济核心的过程，是对国际贸易及国民经济影响不断增强的过程。

2. 金融制度与金融政策

1973 年，美国经济学家罗纳德·麦金农和爱德华·肖分别出版著作《经济发展中的货币和资本》与《经济发展中的金融深化》，提出“金融抑制”和“金融深化”的概念，这两个概念反映了金融制度和金融政策在金融发展以及经济发展方面的作用。罗纳德·麦金农认为许多发展中国家存在政府干预金融市场，通过人为压低利率造成资本利用效率低下等“金融抑制”现象。爱德华·肖提出用“金融深化”来消除“金融抑制”现象的观点。金融深化就是以金融自由化为目标，逐渐放松政府对金融市场的管制，逐步实现利率市场化，发挥市场配置资金方面的主导作用。金融发展是金融深化的过程，具体表现为金融机构数量增加，金融工具多样化和金融资产相对规模增加。

3. 金融功能

一些学者从金融功能角度来理解金融发展的内涵，认为金融发展可以使金融体系更好地发挥其功能为经济发展服务。Levine（1997）认为金融体系最主要的功能是在不确定的环境中为资源在不同时间和不同空间配置上提供便利。具体来说，金融体系具有动员储蓄、配置资源、分散风险、监督管理人员、为商品和劳务交换提供便利的功能。

Bodie 和 Merton（1995）认为金融体系具有几方面的核心功能，分别是：支付和清算功能，提供聚集资源的机制；跨行业、跨地区、跨时间转移资源；为不同经济部门分散决策提供信息支持；解决激励问题。

4. 金融资产

20 世纪 90 年代，在亚洲和中国金融实践的基础上，国内一些学者从金融资源角度理解金融发展的内涵。张杰（1995）认为金融发展使金融资源配置效率提高。谈儒勇（2000）认为金融发展是金融资产、金融机构和金融市场的发展。白钦先和张志文（2008）认为金融发展既是金融资产和交易规模的扩大或与 GDP 之比的上升，也是金融市场效率提升和金融体系功能完善的动态过程。

戴相龙和黄达（1998）主编的《中华金融辞库》中将金融发展解释为“金融发展是指金融交易规模的扩大和金融产业的高度化过程带来金融效率的持续提高，体现为金融压抑的消除、金融结构的改善”。本书采用戴相龙和黄达的概念，认为金融发展是金融规模提高、金融效率提高和金融结构优化。

第二节　金融发展的度量指标

金融发展的测度指标应当反映金融发展内涵，是金融发展理论的重要组成部分，也是金融发展对国际贸易影响实证研究的基础。Goldsmith（1969）、Mckinnon（1973）、King 和 Levine（1993）、Khan 和 Senhadji（2000）、Beck（2002）、亚洲开发银行（1992）等先后提出金融发展的不同度量指标。这些指标主要从金融中介发展和金融市场发展两方面反映金融发展的具体情况。

一、金融中介发展指标

金融中介发展是金融发展的重要方面，金融中介发展有利于吸收社会存款，提高储蓄转化为投资的效率，可以更有效地配置资源，促进经济增长。金融中介发展指标又分为金融中介规模指标和金融中介效率的指标。

反映金融中介发展规模的指标主要有：①金融相关比率。Goldsmith（1969）最早提出金融相关比率（Financial Interrelation Ratio，FIR），用一国金融工具的市场总值与该国实物形式国民财富市场总值之比来表示。实际研究中用货币性金融资产和非货币性金融资产总和的金融资产总量反映金融工具的市场总值，用国内生产总值近似表示实务形式国民财富的市场价值，即 FIR = 金融资产总值/GDP。②经济货币化指标。McKinnon（1973）认为金融发展首先是货币化程度的加深，货币负债对国内生产总值的比率是经济货币体系重要性和实际规模的简单尺度。用货币存量 M2 与国内生产总值比值表示，即 M2/GDP，该指标也被称为经济货币化指标，从金融中介支付功能和动员储蓄功能角度反映金融发展。1992年亚洲开发银行采用私人部门信贷与名义 GDP 之比，从金融资产配置角度反映金融中介发展规模。③其他指标。King 和 Levine（1993）采用全部金融中介流动负债与 GDP 之比（DEP 指标）和存款货币银行和其他金融机构信贷总额与 GDP 之比（DC 指标）反映金融中介发展规模。Beck（2002）采用存款货币银行或其他金融机构总资产与 GDP 之比反映金融中介发展规模。

反映金融中介效率的指标主要有 King 和 Levine（1993）提出的 BANK 指标、PRIVATE 指标和 PRIVY 指标。他们认为商业银行比中央银行能更好地配置资源，私营企业比国有企业更有效率，如果商业银行的资产相对于中央银行的资产高，私营企业获得的贷款比国有企业获得的贷款高，则金融中介更有效率。为此，他们采用 BANK = 存款货币银行国内资产/（存款货币银行国内资产+中央银行国内资产），反映信贷配给过程中存款货币银行（通常是商业银行）相对于中央银行的重要性；采用 PRIVATE = 非金融私人企业的信贷/（信贷总额-提供给存款货币银行的信贷）和 PRIVY = 非金融私人企业的信贷（非金融私人部门）/GDP 来反映信贷的资金流向。

二、证券市场发展指标

金融市场是资金需求者融资的场所。实证研究中，学者主要从证券市场规模和证券市场效率两方面反映金融市场发展。

Khan 和 Senhadji（2000）构建了一级市场规模和二级市场规模来反映证券市场发展规模。一级市场规模包括股票发行额与 GDP 之比和私人债券发行额与 GDP 之比两个指标；二级市场规模包括国内股票市值与 GDP 之比和私人以及公共债券市场价值与 GDP 之比两个指标。

证券市场运行效率主要通过流动性、波动性和集中性反映，具体地以交易比率和股市换手率反映股票市场的活跃程度。股票交易比率 = 股票交易额/GDP，股市换手率 = 国内股市交易量/国内上市公司总市值。以一段时间（通常是 12 个月）市场收益的移动标准差反映市场波动性；以股票市值最大的十只股票市值与全部股票市值的比率来反映股票市场集中度。

第三节　金融发展、融资约束对出口贸易影响的理论研究

一、金融发展对出口贸易影响的理论研究

金融发展对出口贸易影响的理论发展过程是金融因素不断与古典贸易理论、新古典贸易理论、新贸易理论以及新新贸易理论结合后，重新阐述对比较优势、贸易模式和贸易流量影响的过程。Kletzer 和 Bardhan（1987）从金融制度角度；Baldwin（1989）、Beck（2002，2003）、Ju 和 Wei（2005，2011）、Matsuyama（2005）和

Wynne（2005）等从金融功能角度，Tse 和 Leung（2002）、Amissah 等（2011）从收入角度分析了金融发展对出口贸易的影响机制。国内学者白当伟（2004b）、齐俊妍（2005）、沈能（2006）、阳佳余（2007）、朱彤等（2007）等也关注该问题。

（一）金融发展通过资本积累和技术创新影响比较优势进而影响出口贸易

Levine（1997）的研究表明金融体系具有动员社会储蓄、分散风险、优化资源配置，以及为商品和劳务交换提供便利以及监督控制的功能，这些功能通过资本积累和技术进步促进经济增长。受 Levine（1997）研究成果的启发，齐俊妍（2005）在 H-O 理论框架下分析金融发展通过资本积累和技术创新对比较优势出口贸易模式与结构的影响，认为金融发展不仅可以提高资本禀赋，而且可以通过提高储蓄率、储蓄转换为投资的效率以及资本的边际生产率而加快资本积累。发达的金融体系可以有效动员储蓄，为企业技术创新提供资金支持，分散技术创新的风险，降低技术创新的不确定性。通过降低技术创新项目信息不对称和逆向选择问题而使资金配置到收益率更高的项目上。

（二）金融发展能成为比较优势的来源

1. 基于金融制度视角的分析

传统贸易理论潜在假定金融市场是完全的，而真实世界中金融市场是不完全的，存在信息不对称问题。Kletzer 和 Bardhan（1987）将不完全信息信贷市场与传统贸易理论相结合，在 H-O-S 模型中引入金融部门研究金融发展对生产和国际贸易的决定性问题。提出不考虑规模经济，即在技术和禀赋相同的条件下，国家间信贷市场差异（政治风险下道德风险差异，不完全信息下国内合同执行制度差异）会导致利率差异进而导致生产需要更多资本品，以及市场成本的产品比较优势差异。金融发展水平高的国家或地区偿债能力和信贷声誉高，信贷市场上筹资成本低，合同执行成本低，生产资本密集型产品有比较优势。金融发展水平不同的国家或地区信贷配给的差异导致比较优势的差异，进而影响国际贸易。盛雯雯（2014）在 H-O 模型中引入投资偏好，建立包含厂商、企业投资者和金融部门的一般均衡模型，从金融制度角度进行理论分析，得出融资成本下降将导致企业投资偏好呈现先提高后降低的趋势，资本密集型行业金融发展对比较优势的影响是先上升后下降的。

2. 基于金融发展风险分散功能的分析

Baldwin（1989）从金融体系的风险分散功能角度研究金融发展对比较优势的影响，认为金融发展水平高的国家可以更有效地分散外部需求冲击的风险，在面临外部需求冲击风险时风险溢价和边际成本较低。金融发展水平高的国家或地区在高风险产品生产上有优势，进一步地，资本密集型产品相对于劳动密集型产品更容易受外部需求和技术冲击的影响，资本密集型产品相对于劳动密集型产品是高风险产品。因此，金融发达的国家或地区在高风险的资本密集型产品生产上有比较优势，而金融欠发达的国家或地区在低风险的劳动密集型产品生产上有比较优势。

3. 基于金融发展资金配置功能的分析

曹珂（2010）认为金融体系不仅可以动员储蓄并促进储蓄转化为投资，增加外部融资量，降低外部融资成本；还可以解决信息不对称和委托代理问题，使资金配置到高收益项目上。Beck（2002）从金融体系资金配置功能角度分析了金融发展对出口贸易的影响机制，假定经济中存在规模报酬不变的食品部门和规模报酬递增的制成品生产部门，且假定制成品部门适应新技术，因此对外部融资的依赖性更强。在不完善的金融市场上，信息是非对称的，存在金融摩擦，金融中介可以通过降低信息不对称解决逆向选择问题，但存在信息搜寻成本，而金融发展有利于降低信息搜寻成本，提高外部融资水平。因此，金融发展使贸易转向规模报酬递增的部门，金融发达的国家或地区在规模经济报酬递增的部门有比较优势。

Rajan 和 Zingales（2001）的研究表明，金融发达国家的外部融资依赖产业发展较快。受 Rajan 和 Zingales（2001）的启发，Beck（2003）将产业进一步细分为 36 个，这些产业的融资依赖性不同，经分析表明金融发展可以降低信息搜寻成本，缓解外部融资约束。因而，金融市场发达的国家或地区在外部融资依赖行业有比较优势。朱彤等（2007）修正了 Kletzer 和 Bardhan（1987）关于金融发展对比较优势的影响机制。由于金融市场存在信息不对称、道德风险和逆向选择问题，资金所有者没有时间和精力收集信息，不愿意对不熟悉的项目进行投资。这导致民间金融市场上融资水平低、融资成本较高。而金融机构可以依靠其营业网络，客户网络和专业人员以较低成本收集到信息，把从储户那里收集到的闲散资金配置到高收益低风险的项目上，提高社会总体均衡融资水平。

（三）金融发展能否成为比较优势的来源受金融制度参数的制约

Ju 和 Wei（2005）将金融因素引入标准 2×2×2 模型研究金融发展对出口贸易的影响，认为金融发展可以降低融资过程中的道德风险，有利于外部融资环境的改善。模型中生产企业面临要素约束和金融约束，但这两种约束不会同时成为紧约束。当金融发展水平低于资本禀赋水平，金融发展水平是紧约束条件，金融发展会影响该国生产和贸易行为；当资本禀赋水平低于金融发展水平且金融发展水平充分时，资本禀赋是紧约束条件，生产和贸易行为由要素禀赋决定，不受金融发展水平约束。该模型指出即使要素禀赋相同，金融发展水平不同的国家也会在比较优势上存在差异，金融发展水平高的国家在外部融资依赖产品上有比较优势。Ju 和 Wei（2011）研究表明，比较优势不只是制度质量和要素禀赋的问题，还受金融制度门槛效应的影响，金融制度质量高的国家，均衡产出和价格由金融制度决定，金融制度是出口产品比较优势的来源。金融制度质量高的国家，金融制度不是出口产品比较优势的来源。

（四）金融发展通过影响收入水平而影响出口贸易

Tse 和 Leung（2002）认为国际市场上借贷成本高，只有收入高的国家才有足够的资金支付借贷成本从国际市场上获得融资。金融发展促进经济增长使国家更加富裕从而能更容易地获得资金，促进国际贸易发展。Amissah 等（2011）认为在完善的金融市场上，在规模报酬不变的环境下，总财富禀赋是比较优势的来源，财富分布与国际贸易模式不相关。然而，现实经济中金融市场是不完善的，不完善的金融市场存在金融摩擦，导致融资约束的存在。良好的金融制度可以克服融资约束，金融制度更完善的国家在融资依赖部门有比较优势。然而，金融发展与经济发展密切相关，富裕国家在融资依赖部门有优势，财富总量和财富分布对贸易有影响，较高的财富集中度有利于克服金融市场的流动性约束。因此，金融制度好的高收入国家财富不均等对出口没有影响，而金融制度差的低收入国家财富不均等对出口有影响。

二、融资约束对出口贸易影响的理论研究

Chaney（2005）最先将流动性约束引入异质企业贸易模型研究融资约束对企业出口决策的影响。进入出口市场前，出口企业需要搜集出口市场信息，调整产品以适应出口市场商品规则和消费者偏好，建立分销渠道，这些都会产生前期固定成本。在不完善的金融市场上，企业主要靠内部的流动资金以及资产的流动性获取外部资金来应付前期投入，因而存在融资约束。Chaney（2005）首次在新新贸易理论框架下建立模型研究融资因素对异质性企业出口的影响，为后续研究奠定了基础。为了简化分析，该模型假定企业无法向国内外投资者借得资金，即只能依靠企业内部来为出口固定成本融资，研究表明在这种情况下只有生产率高且流动性充足的企业可以维持出口。然而，该模型的假定条件过于苛刻，不符合经济现实。因此，后续研究进一步放松假定，在新新贸易理论的框架内拓展模型研究融资约束对企业出口的影响。Manova（2008）将融资约束引入 Melitz（2003）模型，拓展到多个国家多个部门，并放松企业不能进行外部融资的假定，研究表明融资约束通过异质性企业进入国内生产选择、国内企业进入出口市场的选择以及企业出口量三种途径影响企业出口。融资约束对出口贸易的影响有一部分因素（20%~25%）是总产出的降低导致的。分离了融资约束对产出的影响后，考虑融资约束对出口贸易的影响，通过企业进入出口市场概率为 1/3，其余 2/3 是通过降低出口销售额来实现的。金融发达的国家在融资依赖部门出口量大，因为金融发达的国家可以进入更多出口市场，在每个市场上可以出口更多种类的产品，每种产品也可以有更多的出口量。Manova（2008）的模型考虑了外部融资，但是该模型在实证时用的是国家产品层面数据。Muuls（2008）借鉴了 Chaney（2005）和 Manova（2008）的模型并进一步假定企业绩效与流动性间存在联系，并建立了适合企业层面数据的模型，研究表明生产率高和流动性约束低的企业出口的可能性大。与 Manova（2008）的研究结果不同的是对于出口目的国，融资约束只

影响是否出口而不影响出口量。Feenstra 等（2014）从银行角度分析融资约束对出口的影响，研究表明融资约束降低了企业出口扩展边际和集约边际。

第四节　金融发展、融资约束对出口贸易影响的实证研究

金融发展对出口贸易影响的实证研究主题随着国际贸易理论的进展以及国际贸易形势的变化而不断拓展。早期研究主要关注金融发展对出口贸易量和出口比较优势的影响。随着研究的深入，学者们开始关注金融发展对出口贸易商品结构和出口产品技术水平的影响。Hausmann（2005）提出出口技术复杂度的测算方法以来，出口技术复杂度测度及影响因素的研究成为国际贸易的热点话题。2001年，中国加入世界贸易组织后，出口贸易发展快于进口贸易发展，出口贸易顺差问题较突出，一些学者开始关注金融发展对贸易收支失衡的影响。近年来，新新贸易理论成为热点，一些学者开始关注金融发展对出口边际的影响，少数学者开始关注金融发展对出口贸易关系持续时间的影响。

一、金融发展对出口比较优势影响的实证研究

20 世纪 80 年代末 90 年代初，关注国际贸易发展中金融因素影响的学者从理论上分析金融发展是不是比较优势的来源，赵春明和郭界秀（2010）梳理了金融发展与比较优势间关系的相关文献。不少学者实证分析金融发展对出口比较优势的影响，如盛雯雯（2014）采用跨国数据，包群和阳佳余（2008）、毛劲松和王有鑫（2014）采用中国地区面板数据，曹珂（2010）、朱彤等（2007）、谢娓娓（2012）采用中国行业面板数据的研究。因为这些研究采用的数据和计量方法不同，金融发展的测度指标存在差异，主要形成以下三种观点：

第一，金融发展促进比较优势的提高。包群和阳佳余（2008）用巴拉萨（Balassa）的显性比较优势指数、净出口率以及 Michaely 指数测度出口比较优势，

基于1990~2004年29个省份的面板数据采用广义最小二乘法（GLS）研究表明，金融发展可以提高工业制成品的比较优势。毛劲松和王有鑫（2014）采用系统GMM方法，利用1995~2010年中国省际面板数据研究表明，金融发展可以提高出口比较优势。

第二，金融发展对比较优势的影响存在行业差异性。朱彤等（2007）采用1984~2004年中国23个行业面板数据的实证研究表明，金融发展提高了融资依赖行业的比较优势。谢娓妮（2012）的研究进一步分为高、中、低融资依赖型，金融发展规模对高外部融资依赖行业有显著促进作用，对低外部融资依赖行业有负效应，对中等融资依赖行业影响不显著。金融发展效率对低融资依赖行业有促进作用，对高融资依赖行业有显著负效应，对中等融资依赖行业影响不显著。金融发展结构降低了高融资依赖行业的比较优势，对低融资依赖行业有显著促进作用，对中融资依赖行业没有影响。

第三，金融发展对比较优势的影响存在"倒U型"特征。盛雯雯（2014）利用2000~2006年OECD国家制造业跨国面板数据采用系统广义矩估计方法（GMM）研究证实金融发展对比较优势的影响存在"倒U型"特征。

二、金融发展对出口贸易量影响的实证研究

金融发展对出口贸易量影响的实证文献比较丰富，其中国外学者主要采用跨国面板数据，国内学者主要采用国内层面时间序列数据，以及地区面板与行业面板数据进行实证研究。时间序列数据主要采用普通最小二乘法（OLS）、格兰杰因果检验和误差修正模型来研究。面板数据主要采用固定效应，以及一阶差分GMM分析短期效应，采用向量自回归模型分析长期效应。金融发展的测度指标因选择数据不同而有差异。得出以下结论：

第一，金融发展促进出口贸易发展，金融发展是出口贸易发展的格兰杰原因。最先进行实证研究的是Beck（2002），他采用1966~1995年65国面板数据，用系统广义矩估计解决反向因果关系导致的内生性问题，研究结果表明金融发达的国家制造业出口产品量大。

中国许多学者研究了该问题，虽然计量方法因选用的数据而存在差异，但结论是一致的。采用时间序列数据进行研究的有：陈静（2008）基于1980~2005年我国时间序列数据采用普通OLS回归方法；陈雪梅（2007）利用1996~2006年我国国家层面季度时间序列数据；王利敏（2009）利用我国1978~2008年时间序列数据采用格兰杰因果检验和误差修正模型；李隽（2010）利用1980~2008年我国国家时间序列数据采用格兰杰因果检验和误差修正模型；徐建军和汪浩翰（2009）基于我国1978~2005年的时间序列数据，从静态和动态的角度分别运用广义矩估计、协整理论和脉冲响应函数方法进行研究；赵静敏（2010）采用1978~2008年我国国家时间序列数据用向量自回归模型进行研究。采用中国省际面板数据的研究有：阳佳余（2007）基于1990~2003年中国30个省份的面板数据，采用面板数据固定效应和随机效应进行研究；姚耀军（2010）利用2001~2005年中国省际面板数据，采用一阶差分GMM方法进行研究。

第二，金融发展对出口贸易的促进作用因行业融资依赖性而存在差异。国外学者Beck（2003）、Svalery和Vlachos（2005）、Hur等（2006）、Cezar（2014）、Amissah（2011）采用跨国数据进行实证研究。Beck（2003）进一步细分为36个产业，研究表明金融发展对出口贸易在融资依赖产业的影响更大。Svalery和Vlachos（2005）认为产业技术水平和组织条件不同会导致产业外部融资需求不同。金融资源在国家间流动性较差，因此产业专业化模式受金融发展水平的影响。使用经济合作与发展组织20个国家32个制造业产业内贸易数据进行的实证研究表明金融发展是比较优势的来源，金融发展比人力资本、物质资本对国际贸易的影响更大。Hur等（2006）认为外部融资不仅受金融发展水平的影响，也受企业资产结构的影响。例如，企业投资流动性差的有形资产容易被企业抵押而获得外部融资。因此，受到融资约束的企业倾向于投资机器设备等有形资产。随着金融发展，金融体系不断完善，企业获得外部融资的机会增加，投资有形资产获得外部融资的意愿降低，投资无形资产的意愿增强。因此，金融发达的国家在无形资产主导产业生产方面具有比较优势，而金融欠发达的国家在有形资产主导产业方面具有比较优势。Hur等（2006）使用42个国家27个产业外部融资依赖和企业资产流动性数据进行实证研究证明了理论预期。Cezar（2014）认为金融发展对国际贸易的影响因产业而不同，可能为正，可能为负，也可能不存在影响，这主要依赖于外部融资需求。Cezar（2014）通过估计2000~2009年80个国家21个产业的产业影响系数，表明金融发展对不同产业出口的影响是异质的。

韩剑和张凌（2012）利用中国上市公司数据测算了各行业融资依赖性和资产有形性，基于行业面板数据固定效应方法得出支持金融发展对出口的促进作用在融资依赖行业的影响更大的结论。从规模、结构和效率角度研究金融发展，认为金融发展规模比金融发展效率对出口的影响效应更大。

第三，金融发展对出口贸易的促进作用在地区间存在差异。国内学者采用中国地区面板数据研究金融发展对出口贸易的影响，揭示了影响效应在区域间存在差异。赵静敏（2010）根据1978~2008年数据，采用多变量回归模型研究表明：金融发展效率促进东部地区的出口贸易，而对中西部和东北部地区的出口贸易不显著。徐建军和汪浩翰（2008）基于1990~2005年全国区域面板数据，运用面板协整理论和广义矩估计方法研究结果表明：东部地区金融发展对进出口的长期促进作用明显大于中西部地区；东部地区金融发展对出口贸易短期存在促进效应，而中西部地区金融发展对短期出口却起到抑制作用。郑雯（2013）在徐建军和汪浩翰（2008）的基础上进一步从规模、结构和效率角度反映金融发展，利用1996~2009年我国省际面板数据采用面板协整检验理论和系统GMM方法表明：长期来看，金融发展规模对东部地区和西部地区起到促进作用，而对中部地区却有抑制作用；金融发展效率对东部地区出口贸易影响为正而对中西部地区出口贸易影响为负；股票市场效率对出口贸易没有影响。短期来看，金融发展对我国总体上起到促进作用，但对中西部地区具有抑制作用。

三、金融发展对出口结构影响的实证研究

最先关注金融发展对出口贸易结构产生影响的是孙兆斌（2004），他认为金融发展通过影响资本积累和技术进步而影响比较优势的动态变化，进而影响出口贸易结构，实证分析也表明金融发展是出口结构变化的原因。随后，齐俊妍（2005）、

刘璐（2014）、丁一兵和刘璐（2013）、朱远清（2013）、李斌和李国强（2008）等进一步分析了金融发展对出口贸易结构的影响。林玲和李冰江（2008）等使用中国国家出口的时间序列，采用误差修正模型、格兰杰因果检验、脉冲响应模型进行实证研究。陈建国和杨涛（2005）、史龙祥和马宇（2008a，2008b）采用中国行业面板数据进行实证研究。姚耀军（2010）、李斌和李国强（2008）、吴昊（2011）、孙少勤和邱斌（2014）采用中国省际面板数据进行实证研究。刘璐（2014）、丁一兵和刘璐（2013）使用跨国面板数据进行实证研究。研究结果表明金融发展对出口结构优化有显著促进作用。

四、金融发展对出口技术复杂度的影响

自 Hausmann（2005）提出出口技术复杂度的测度指标以来，国内外学者关注出口技术复杂度的测算与影响因素。黄永明和张文洁（2011）最先在出口技术复杂度影响因素的分析中考虑了金融因素，得出金融发展可以提高出口复杂度的结论。之后，许多学者开始研究金融发展对出口复杂度的影响，并以实证分析为主，得出支持金融发展促进出口复杂度提高的观点，研究的分歧主要在影响机制的验证与解释方面。

1. 关注直接影响机制

齐俊妍等（2011）、顾国达等（2013）、刘斌等（2012）、郭亦玮等（2013）仅关注金融发展对出口复杂度的直接影响机制。齐俊妍等（2011）采用跨国面板数据进行研究，认为技术复杂度高的产品在研发生产过程中面临更大的不确定性，企业在不完全信息的借贷市场上融资的难度更大，金融发展不仅有利于解决信息不对称导致的逆向选择问题，还有利于企业外部融资。因此，金融发达的国家可以生产专业化和复杂度高的产品，这也让这些国家出口产品的复杂度整体上升。刘斌等（2012）采用中国地区面板数据并运用系统 GMM 方法进行研究，从金融发展有利于企业技术创新的角度进行分析。郭亦玮等（2013）采用面板数据固定效应模型研究全国总体以及东部、中部、西部地区金融发展对出口复杂度的影响，得出金融发展可以提高出口复杂度，但影响幅度在区域间存在差异，西部

最高，中部次之，东部最低的结论。

2. 关注间接影响机制

刘玉娟（2012）、顾国达和郭爱美（2013）、雷日辉和张亚斌（2013b）、方园（2013）、杜晓英（2015）关注间接机制。刘玉娟（2012）、雷日辉和张亚斌（2013）关注外商直接投资技术溢出的间接机制。刘玉娟（2012）认为完善的金融体系可以满足企业引进外国直接投资（FDI）带来新技术时为相关设备配套资金的需求，降低吸收FDI技术溢出中的不确定性。雷日辉和张亚斌（2013b）认为金融发展影响外商直接投资溢出效应的吸收能力，有利于出口复杂度的提升。顾国达和郭爱美（2013）认为除了外商直接投资溢出效应外，金融发展还可以提高人力资本积累、研发效率进而提升出口技术复杂度，引入金融发展与这三个变量的交叉项验证这三种机制。杜晓英（2015）关注外商直接投资溢出效应、人力资本、技术创新三种间接影响机制，采用面板数据和门槛回归模型得出金融发展只有超过一定门槛值才会通过这三种机制提高出口复杂度。方园（2013）认为金融发展影响资本配置效率、人力资本积累、FDI技术溢出效应而间接提升出口技术复杂度，并使用跨国产业、中国产业、区域层面数据进行实证分析，将金融发展细化为金融规模、金融效率、金融结构。研究表明，金融发展效率主要通过外商直接投资影响出口复杂度，金融结构主要通过人力资本影响出口技术复杂度。而且，金融规模对出口技术复杂度的影响效应比金融效率和金融结构对出口复杂度的影响效应大。刘威等（2018）研究表明无论是短期还是长期，金融发展均可通过FDI技术溢出和人力资本积累渠道影响中国行业出口复杂度，而技术研发效率的影响仅在长期显著。金融规模通过以上三条渠道对行业出口复杂度的正向影响显著大于金融效率效用。

五、金融发展对贸易失衡的影响

Mendoza等（2009）最先关注金融发展对经常项目失衡的影响，利用2000~2004年经济合作组织出口数据实证分析表明金融发展与经常项目平衡之间存在显著负相关关系。之后许多学者关注该问题，现有研究主要从两个角度进行分析：第一，金融发展通过影响国际分工而影响经常项目收支。茅锐等（2012）、李海峰（2013）认为全球经济失衡是由金融服务业和制造业之间的新型国际分工引起的，以美国和英国等为代表的发达国家金融发展水平较高，在金融服务业具有比较优势，出口金融产品和进口工业制成品，经常项目出现逆差；而以中国为代表的新兴市场国家金融发展水平较低，在传统工业制成品上有比较优势，专业化生产并出口工业制成品和进口金融服务产品，项目经常出现顺差。陆建明和杨珍增（2011）认为国际分工会深入到产品生产过程时，金融发展水平不同的国家在不同生产环节上具有不同的比较优势。金融发达的国家在创新环节有比较优势，金融欠发达国家在生产环节上有比较优势，两国按各自比较优势进行垂直专业化分工。当国际资本流动存在障碍时，产品内分工会引起经常账户失衡。陆建明和杨珍增在理论分析的基础上利用50个国家面板数据进行实证研究，得出金融发展水平高的国家经常账户顺差低，专业化从事创新活动的金融发达国家资本账户开放程度与经常余额之间是正相关关系，专业化从事生产活动的金融欠发达国家资本账户开放程度与经常账户余额之间是负相关关系。姚晓雷（2014）认为金融发展通过物质资本投资和人力资本积累影响国际生产分工格局，进而影响全球经济稳定。第二，金融发展影响企业出口成本。施炳展和齐俊妍（2011）认为金融发展水平较低时，金融发展会降低企业出口成本，企业出口数量增加，改善贸易收支；金融发展水平较高时，金融发展将降低对外投资的固定成本，促进企业从出口转向对外投资，恶化贸易收支。随着金融发展水平的提高，贸易收支呈现先提高后降低的“倒U型”特征。外部融资依赖程度高的行业“倒U型”拐点对应的金融发展水平也较高。

六、金融发展、融资约束与出口边际

与非出口企业相比，出口企业具有规模大、生产率高、支付高工资雇佣熟练劳动力的特征，且出口企业间生产率不同（Bernard and Jensen，1995，1999）。之后，许多研究开始关注企业生产率与出口之间的关系，探究是生产率高的企业选择出口（出口选择效应）还是出口导致生产率的提高（出口学习效应）。随着

研究的深入，更多的企业异质性被揭示，资金的流动性也是企业异质性的重要表现，出口企业与非出口企业相比更易依赖外部融资（Amiti and Weistein，2011）。

1. 融资约束与企业出口的关系

早期研究企业层面融资约束对出口贸易的影响主要关注融资约束与企业出口的关系，是融资约束影响出口，还是出口使企业面临融资约束。Greenaway 等（2007）利用 1993~2003 年 9293 家英国企业数据进行研究，结果表明进入出口国际市场的固定成本恶化了企业财务状况，而企业财务状况不影响企业出口行为。中国学者于洪霞（2011）却得出了相反的结论，她认为融资约束影响企业出口行为。

2. 融资约束对企业出口扩展边际和集约边际的影响

随着研究的深入，学者将企业分为不出口企业、新出口企业和持续出口的企业，进一步研究融资约束对这三种企业的影响。于洪霞（2011）的研究表明低融资约束与新出口企业出口相关而与持续出口企业不相关。孙灵燕和李荣林（2012）的研究也支持该结论，并且民营企业外源融资影响企业出口参与。

学者们也关心融资约束对企业出口概率（企业层面扩展边际）以及出口规模的影响（企业层面集约边际），关注企业内部融资约束、外部融资约束以及商业信贷的影响。结论存在以下分歧：

（1）融资约束既影响企业出口概率也影响企业出口量，即同时影响扩展边际和集约边际。

Minetti 和 Zhu（2011）运用意大利制造业企业出口数据研究表明获得贷款的企业出口概率比没有获得贷款的企业高 39%，信贷配给使出口降低 38%。大量研究支持此结论。例如，Espanol（2007）、Castagnino 等（2012）对阿根廷；Muuls（2008，2015）对比利时；Du 和 Girma（2007）、Li 和 Yu（2009）、Egger 和 Kesina（2010）、Manova 等（2011）对中国；Manole 和 Spatareanu（2010）对刚果；Kiendrebeogo 和 Minea（2012）对埃及；Bellone 等（2010）、Askenazy 等（2015）和 Guillou 等（2013）对法国；Buch 等（2014）、Wagner（2014）对德国；Ito 等（2011）对印度；Minetti 和 Zhu（2011）、Secchi 等（2013）、Caggese 和 Cuñat（2013）、Ciani 和 Bartoli（2013）、Secchi 等（2013）对意大利；Silva

（2011）对葡萄牙；Cole 等（2010）对瑞典；Gorg 和 Spaliara（2013）对英国；Wang（2014）对东欧和中亚 28 国；Fauceglia（2015）对 18 个发展中国家；Hasan（2013）对 6 个拉丁美洲国家的跨国数据进行了研究。

一些学者使用中国数据进行了研究。例如，阳佳余（2012）采用 2000~2007 年我国工业企业数据库数据进行研究。陈琳等（2012）采用世界银行商业环境与企业绩效调查的数据进行研究。此外，这些学者根据中国实际进一步分析得出了更丰富的结论。孙灵燕和李荣林（2012）、阳佳余（2012）考虑了融资约束对不同所有制企业的影响。孙灵燕和李荣林（2012）的研究表明外部融资约束对民营企业出口参与有重要影响而对国有企业和外资企业没有影响。张杰（2013）的研究表明融资约束抑制了民营企业出口，却促进了外资企业出口。刘海洋等（2013）认为民营企业融资约束对出口集约边际影响大，而对外资企业的影响小。阳佳余（2012）认为融资状况的改善对外资企业的影响最显著。陈琳等（2012）、刘海洋等（2013）考虑了融资约束对出口影响的区域差异，认为对东部地区的影响大，对中西部地区的影响小。阳佳余（2012）、刘海洋等（2013）、康志勇（2013）则考虑了融资约束影响的行业差异，阳佳余（2012）认为融资约束的改善对外源融资行业的促进作用更明显；刘海洋等（2013）认为融资约束对劳动和技术密集型行业的影响小而对资本密集型行业的影响大；康志勇（2013）的研究表明融资约束对劳动密集型行业的抑制作用大于资本密集型行业。陈琳等（2012）、刘海洋等（2013）、康志勇（2013）考虑了企业规模的影响。陈琳等（2012）认为企业担保的抵押品和从金融机构获得的贷款与企业的规模有关，与大企业相比，中小企业外源融资能力对出口广度和深度的影响更大，康志勇（2013）的研究也支持该观点。刘海洋等（2013）认为小企业融资约束对出口集约边际的影响较大。

（2）融资约束影响扩展边际而不影响集约边际。Berman 和 Héricourt（2010）使用 9 个发展中国家 5000 余家跨国企业层面数据实证研究表明融资约束影响企业扩展边际，而一旦企业进入出口市场，融资约束将不再影响企业出口。Muuls（2008）企业层面数据研究表明融资约束影响出口国家扩展边际而没有影响集约边际。

（3）融资约束既不影响扩展边际也不影响集约边际。例如，Nagaraj（2011）、Lancheros 和 Demirel（2012）对印度，Arndt 等（2012）、Stiebal（2011）对法国；Bernini（2014）对 27 个转型国家的研究。

与大多数研究不同的是，张杰（2013）使用中国工业企业数据库的数据研究表明融资约束虽然抑制了扩展边际，但促进了集约边际，当分离出加工贸易后，融资约束对集约边际才有负效应。

（4）金融发展缓解企业外部融资约束，提高企业扩展边际和集约边际。企业融资分为内部融资和外部融资，融资约束相应地可以分为内部融资约束和外部融资约束。金融发展可以缓解企业外部融资约束，促进扩展边际和集约边际的提高。

Manova（2008，2013）研究了金融市场不完善对贸易流量的影响，识别了信贷约束影响贸易的三种机制：异质性企业国内生产、异质性企业出口参与以及异质性企业出口销售额变化，采用 1985~1995 年国家产品层面数据采用 Heckman 两阶段估计方法，第一阶段估计金融发展对双边出口概率的影响，第二阶段估计金融发展对双边出口值的影响，并将第一阶段预测的概率作为第二阶段的控制变量。研究结果表明：信贷约束对贸易的影响有 20%~25%是由于国内生产下降导致的。在控制了国内生产下降的影响后，1/3 是由于企业进入出口市场导致的，2/3 是由于企业出口市场销售额变化导致的。金融发达的国家其融资依赖企业出口更多，可以进入更多市场，对每个目的地出口产品更多，每种产品出口更多。

陈磊和宋丽丽（2011）使用 64 个出口国和 182 个进口国的数据，采用 Heckman 模型实证研究表明：金融发展有利于出口集约边际与扩展边际的提高，且这种影响效应对融资依赖性高和资产流动性低的产业更大，与其他文献相比该文献同时考虑了出口国和进口国金融发展水平的影响。

毛毅（2013）利用 2005 年世界银行对中国投资环境调查数据的研究表明：金融发展、融资约束均影响企业出口行为。处在高金融发展水平地区的企业，融资约束影响该企业出口；处在低金融发展水平地区的企业，融资约束不影响该企业出口。金融发展不仅缓解了融资约束，而且加深了生产率对企业出口的作用，进而减缓了生产率对企业出口的作用。金融发展促进了民营企业出口，但对国有企业和外资企业存在显著负效应。融资约束影响民营企业的出口，但没有影响国有企业和外资企业出口。

万璐（2012）使用中国海关数据 HS 8 分位数据和中国工业企业数据库的数据研究多产品假定下宏观金融发展、微观企业融资约束对企业出口扩展边际和集约边际的影响，研究表明宏观金融发展促进扩展边界和集约边际，但融资约束促进扩展边际而对集约边际影响不显著。本书的研究是从企业出口产品种类数的角度定义出口边际的。

3. 金融发展、融资约束对出口三元边际的影响

早期的研究主要关注出口二元边际，随着新新贸易理论的发展开始关注产品质量，Hummuls 和 Klenow（2005）进一步将扩展边际分解为数量边际和价格边际。金融发展、融资约束对出口三元边际的影响受到关注。施炳展（2011）采用 Hummuls 和 Klenow（2005）的方法将出口进一步分解为出口广度、出口数量和出口品质三个方面，利用 1995 ~ 2007 年世界各国双边贸易数据进行实证研究，结果表明金融发展通过提高出口广度、数量和价格提升了出口总量。金融发展主要通过广度途径增加了贸易总量，金融发展对贸易数量和贸易价格的影响会因为金融市场结构和经济发展水平而存在方向和程度差异。赵磊（2011）的研究表明金融发展可以促进出口扩展边际、数量边际和价格边际，且主要通过扩展边际来提高出口总量，其中，出口价格边际对出口总量提升的贡献作用最小。发展中国家的金融发展对出口边际影响效应高于发达国家。金融发展可以提高外部融资依赖行业出口扩展边际和数量边际，但对出口价格边际的影响不确定。吕红颜（2014）则关注金融发展对中国出口三元边际的影响。研究表明金融发展提高了产品价格、数量和种类扩展边际，中国制造业增长主要靠数量边际，价格边际在一些行业甚至出现下滑趋势。外部融资依赖程度高、资产有形性低的行业中金融发展对出口的促进作用体现在价格边际上，而外部融资依赖程度低、资产有形性高的行业中金融发展主要靠数量边际，其次是种类扩展边际。

七、金融发展、融资约束对出口产品质量的实证研究

Fan 等（2015）使用中国国家统计局企业数据与海关企业出口匹配数据的实证研究表明，面临融资约束的企业会以低价格出口低质量的产品，融资约束的缓解可以提高出口价格（质量）。陈清萍和鲍晓华（2014）的研究支持了 Fan 等（2015）的观点，信贷约束（银行信贷和商业信贷）对出口产品质量的提高起了抑制作用。金融发展通过缓解融资约束而提高出口产品质量，且影响幅度因企业所有制类型而有所差异，对私营企业的影响幅度大于国有企业，对内资企业的影响幅度大于外资企业。Secchi 等（2013）利用意大利企业出口数据研究了融资约束对出口价格的影响，认为融资约束对企业出口价格影响有三种机制：第一种是“价格扭曲效应”（Price Distortion Effect），融资约束企业可以比不受融资约束企业以更高价格出口商品以维持现金流，减缓融资约束。第二种是“质量调整效应”（Quality Adjustment Effect），高质量产品生产需要投入高成本，受到融资约束的企业难以负担高质量产品生产需要的高成本，因此受到融资约束的企业以较低的价格出口低质量的产品。第三种是成本机制。由于运营的单位成本更高，受到融资约束的企业会以更高的价格出售产品。本书的实证分析进一步表明融资约束对价格影响的较小幅度是由成本机制驱动的，主要受价格扭曲效应和质量调整效应影响，而价格扭曲效应占主导地位，且融资约束的价格溢价效应在水平差异产品上较大，而在垂直差异产品上较小。研究结果表明与不受融资约束的企业相比，受到融资约束的企业出口价格更高。Bernini（2013）采用法国海关企业层面出口数据与法国企业资产负债表数据研究财务杠杆对出口产品质量的影响，结果表明财务杠杆对出口产品质量的影响为负。该研究结论仅限于非流动性出口企业，研究中采用 Berry（1994）的方法，用消费需求离散选择模型在单个企业出口流量估计出口产品质量，反映了没有被价格解释的生产者需求，改进了产品质量的测度方法。Crino 和 Oghari（2015）采用 1988~2011 年 171 个国家出口到欧盟的数据进行实证研究，采用 Khandelwals（2010）的方法构建随时间推移而变化的出口产品平均质量，研究发现国家金融摩擦异质性和产业融资依赖异质性是

国家和产业出口产品变化的重要原因，研究结果表明融资依赖行业金融发展对出口产品质量提高更多。Ciani 和 Bartoli（2013）认为生产高质量产品的企业可以出口到更远的市场，融资约束影响产品质量升级和目的地选择，并采用 2001 年意大利企业出口数据进行实证研究，结果表明意大利中小企业依赖银行贷款为其贸易成本和生产成本融资。当可获得的贷款减少，生产率低的企业为提高出口产品质量而进行融资的难度加大。受到融资约束的企业提高出口产品质量的可能性较小，出口到欧洲和中小企业受到的影响更大。

八、金融发展、融资约束对出口贸易关系持续时间的影响

Besedes 和 Prusa 开创性地研究了进口贸易持续时间，发现进口贸易持续时间较短。之后，许多经济学家关注贸易关系持续时间，探讨了进口贸易与出口贸易持续时间的统计特征及影响因素。Jaud 等（2009）利用 CEPII-BACI 数据库中 1995~2005 年 114 个国家出口到 OECD 国家的数据，采用分层 Cox 比例风险模型研究了发展中国家金融发展对贸易关系持续时间的影响。研究结果表明，从金融发达的国家出口产品贸易关系持续时间比从金融欠发达国家的长，在外部融资依赖产业中，金融发达出口贸易关系持续时间更长。吴晓怡和邵军（2014）主要关注金融发展对中国出口贸易关系持续时间的影响及行业差异性，采用 1997~2011 年联合国商品贸易统计数据库（UN Comtrade）中的贸易数据和 2002 年 HS 6 分位产品出口数据，利用 Cox 比例风险模型的实证结果表明：金融发展和融资约束程度的降低有利于出口贸易关系持续时间增加，且这种影响在低融资依赖行业的效应更大。李宏兵等（2016）利用 Cox 比例风险模型和 Weibull 风险模型等生存分析技术，基于 1998~2007 年中国工业企业数据，从微观视角描述了中国企业出口持续时间的分布特征，并系统考察了融资约束对多种情境下企业出口持续时间的影响。实证结果表明：①中国企业出口持续时间的风险函数具有显著的负时间依赖特征，即随着出口持续时间的推移，企业退出出口市场的可能性逐步下降。②总体来看，融资约束程度的加剧会增加企业退出出口市场的风险，即不利于延长企业的出口持续时间。③从所有制角度来看，无论是国有企业、非国有内

资企业还是外资企业，融资约束程度的加剧均明显缩短了企业出口持续时间，且在国有企业中表现相对突出，对外资企业和非国有内资企业的影响较弱。④分地区来看，金融市场化程度较低的地区出口风险率大于金融市场化程度较高的地区。这表明对于金融市场化水平较高的地区而言，融资约束程度的加剧对企业出口持续时间的负向影响小于金融市场化水平较低的地区。⑤分规模来看，融资约束对大、中规模企业出口风险率的影响小于小规模企业，表明融资约束对大、中规模企业出口持续时间的缩短作用要弱于小规模企业。许和连等（2019）基于2001~2006年银行分支数据、中国海关数据库与中国工业企业数据库的匹配数据，采用Cloglog模型来检验金融发展对中国企业出口持续时间的影响，研究发现金融发展通过缓解企业的融资约束而对出口持续时间产生显著且稳健正向影响。许和连等进一步研究发现，金融发展对企业出口持续时间的影响存在出口目的国、企业所有制和行业差异，对发展中国家的促进作用大于发达国家；对民营企业产生显著促进作用，对国有企业和外资企业的影响则不显著；资本密集度越高，促进作用越大。

第五节　文献述评

金融因素在经济发展中发挥着重要作用。20世纪80年代以前，传统贸易理论潜在假定金融市场是完全的，而真实世界中金融市场是不完全的，不仅存在信息不对称和逆向选择问题，而且忽略了金融中介和金融市场在国际贸易中发挥的作用。自Kletzer和Bardhan（1987）将金融因素引入国际贸易研究中以后，出口贸易发展中的金融因素受到广泛关注。大量学者不仅从宏观视角研究金融发展对出口贸易的影响，而且从微观视角关注融资约束对出口贸易的影响，也有一些学者将两者结合起来进行研究。

一、现有文献特点

本章的第一节和第二节梳理了金融发展、融资约束对出口贸易影响的理论和实证研究成果，经梳理发现当前文献有以下特点：

1. 理论研究不断深入，与新新贸易理论的结合日益密切

自金融因素被引入国际贸易理论以来，国内外学者从金融制度和金融体系功能角度，在要素禀赋理论框架下研究了金融发展对出口贸易的影响机制。新新贸易理论产生后，研究视角从宏观转向微观，国际贸易研究中重点关注的金融因素从国家金融发展转向微观企业融资约束，在新新贸易理论的框架下阐释融资约束对异质性企业出口的影响。近十年来，新新贸易理论发展迅速，研究视角不断扩展，研究成果不断丰富。融资约束因素被不断引入这些异质性企业拓展模型，研究关注的话题更加宽泛，研究结论更加丰富。例如，融资约束变量被引入产品质量模型中。Chan 和 Manova（2015）进一步考虑了出口市场的异质性进而拓展了 Manova（2008）的模型。

2. 实证研究范围不断拓展，研究成果日渐丰富

实证研究随着理论研究成果不断丰富，因国际贸易形势的变化而变化。研究范围一开始主要关注金融发展对比较优势、出口贸易、出口贸易商品结构、技术水平以及贸易差额的影响。新新贸易理论产生后，研究范围主要关注融资约束对出口决策、出口边际的影响。

二、研究趋势

学者将金融发展、融资约束对出口影响的研究成果与新新贸易理论最新研究成果不断结合。按照传统贸易理论观点，一旦建立出口贸易关系，这种贸易关系便是稳定的，但该理论忽略了出口贸易中大量存在的零贸易现象，忽略了贸易关系动态性及贸易关系持续时间问题。随着零贸易现象逐渐得到关注，一些学者开始研究金融发展、融资约束对出口贸易关系持续时间影响问题；考虑到目的地市场的异质性，国内外学者开始关注出口贸易伙伴选择问题，研究金融发展、融资约束对出口贸易伙伴选择的影响；在新新贸易理论框架下，学者开始放宽单一产品假设，研究金融发展、融资约束对多产品企业出口扩展边际的影响问题；随着出口产品质量测度方式的改进，学者通过实证研究金融发展、融资约束对出口产

品质量的影响问题。

三、当前研究不足

现有文献研究的不足主要体现在以下两个方面：

一是现有文献较少关注金融发展对出口三元边际、贸易关系持续时间以及出口目的地市场选择问题。尽管许多学者关注出口贸易发展中的金融因素，研究了金融发展对出口贸易量、出口结构、技术水平以及贸易差额的影响，融资约束对出口参与、出口二元边际的影响，但是现有研究较少关注金融发展对出口三元边际、出口贸易关系持续时间以及出口目的地市场选择的影响。

在现有关注金融发展对出口三元边际影响的三篇文献研究中均没有考虑到“零贸易”现象。从产品种类角度研究出口边际的文献也不多。

现有文献研究较少关注金融发展对出口贸易关系持续时间的影响，当前只有 Jaud（2009）、吴晓怡和邵军（2014）两篇文献进行了相关研究，且这两篇文献仅是引入了金融发展与行业融资依赖性交叉项而没有考虑单独引入金融发展因素，混淆了金融发展对出口贸易关系的影响与金融发展对出口贸易关系影响的行业差异性。

现有研究较少关注金融发展对目标市场选择的影响，相关研究主要是围绕金融发展对出口目的地扩展边际影响展开的，得出金融发展可以提高出口目的地扩展边际的结论。事实上，目的地市场特征会影响出口目的地扩展边际，即出口目标市场数量。

二是较少采用产品层面的微观数据进行研究。新新贸易理论产生以前，国内外学者主要采用跨境面板数据、国家时间序列数据、地区面板数据和产品数据归集到产业层面来研究。例如：中国学者主要采用世界银行调研数据、中国工业企业数据库、中国工业企业数据库和中国海关数据库合并数据进行研究；国外学者如 Berman 和 Héricourt（2010）采用 9 个发展中国家跨境面板数据揭示金融发展水平不同的国家生产率对出口影响的差异性。

第三章　全球金融发展与出口贸易发展状况分析

近年来，全球贸易发展迅速，出口贸易额总体呈上升趋势。出口贸易发展的同时，全球金融也在发展。本章介绍了全球金融发展和出口贸易发展的现状与主要特征，在出口贸易主要关注全球主要经济体出口三元边际的跨国或跨地区分解，出口目标市场数量，出口贸易持续时间，以揭示特征性事实。

第一节　全球金融发展概况

过去几十年，全球金融发展迅速，金融资产总量迅速增加，金融结构不断优化，金融效率显著提升，全球金融发展呈现金融全球化、金融管制放松化、金融创新化、融资证券化等趋势特征。尽管发展中国家和新兴经济体金融发展迅速，但是经济发展水平不同的国家或地区之间金融发展差距明显。

一、全球金融发展的特征与趋势

1. 金融资产总量迅速增加

据麦肯锡全球研究院 2013 年发布的《全球资本市场研究报告》，1980 年全球金融资产（包括股票、企业和政府债券、贷款）仅 12 万亿美元，是当年 GDP 的 1.2 倍，1990 年全球金融资产增加到 56 万亿美元，是当年 GDP 的 2 倍，2007 年全球金融资产增加到 206 万亿美元，是当年 GDP 总量的 3.1 倍。1990～2007

年，全球金融资产年均增长率为 18.2%，受 2008 年国际金融危机的影响，全球金融资产增长放缓，2007~2012 年全球金融资产年均增长率 1.9%，2012 年全球金融资产超过 2008 年国际金融危机之前的峰值，达 225 亿美元，之后逐渐增加。

2. 股票市场发展迅速

股票市场是全球金融市场的重要组成部分。近几十年来，全球股票市场发展迅速。据麦肯锡全球研究院 2013 年《全球资本市场研究报告》，1991 年全球股票市值仅为 11.3 万亿美元，2012 年增加到 53.2 万亿美元。许多金融发展文献中以股票市场总市值与 GDP 之比反映金融市场规模，以股票市场交易额与 GDP 之比反映股票市场的活跃程度。表 3-1 列出了 1999 年、2003 年、2007 年、2011 年部分国家或地区股票市场总市值与 GDP 之比，通过分析不难看出，1995~2011 年这些国家或地区股票市场发展迅速。以澳大利亚（AUS）为例，其股票市值与 GDP 之比从 1999 年的 93.79%增长到 2007 年的 143.85%，受国际金融危机的影响，2011 年比 2007 年虽有所下降，但是仍然高达 103.39%。

3. 以证券形式存在的资产增加，以债券形式存在的资产比重下降

随着金融发展，国家金融资产结构发生变化，以证券形式存在的资产比例增加，以债券形式存在的资产比例降低。1980~1984 年，以证券形式存在的资产占全球金融资产的比重约为 4.9%，而 2000~2004 年约为 15.9%。1980 年，以债券形式存在的资产比重约为 75%，而 2000~2004 年约为 56%。

4. 全球金融化趋势日益增强

随着金融自由化，发达国家为了降低成本，防范金融风险，积极寻找新交易方式，不断开拓国际金融市场。一些发展中国家也积极采取措施融入国际金融市场中，与发展中国家市场互相连接，形成全球化大市场。而一些发展中国家和东欧国家，为了实现经济赶超战略，不得不打开门户，融入国际金融市场。国际金融市场紧密联系，逐渐形成彼此依赖、相互影响的有机整体。国际资本流动是衡量金融全球化的重要指标，近几十年来，国际资本流动增长较快，如图 3-1 所示，1980 年，全球跨境资本流动额约为 0.5 万亿美元，20 世纪 90 年代和 21 世纪初迅速增加，到 2007 年全球跨境资本流动额已增加到 11.8 万亿美元，是 1980

年的23倍多。然而，受2008年全球金融危机的影响，跨境国际资本流动规模急剧下滑，2009年降低至1.7万亿美元，之后虽然增加，但也仅为国际金融危机之前峰值的51.7%。

表3-1 部分国家或地区股票市值与GDP之比 单位:%

国家或地区	1999年	2003年	2007年	2011年	国家或地区	1999年	2003年	2007年	2011年
阿根廷	22.83	58.11	31.66	11.82	日本	83.65	62.05	104.49	68.58
澳大利亚	93.79	108.39	143.85	103.39	肯尼亚	12.6	19.23	46.97	35.35
奥地利	15.43	18.39	58.17	18.48	韩国	60.23	46.13	94.6	96.24
比利时	82.79	52.66	88.95	50.51	科威特	61	94.48	136.96	63.64
孟加拉国	2	2.67	7.5	17.27	斯里兰卡	10.06	11.45	22.96	33.82
玻利维亚	7.37	16.39	17.32	15.85	卢森堡	164.39	114.79	245.16	148.96
巴西	27.83	32.1	78.85	58.33	中国澳门	36.38	23.07	85.19	66.39
巴巴多斯	89.33	129.47	154.15	122.87	墨西哥	25.13	15.28	35.89	37.44
博兹瓦纳	14.62	27.13	43.59	25.3	马其顿共和国	0.2	6.06	23.5	6.15
瑞士	248.04	204.31	281.39	179.48	马耳他	33.93	33.23	69.77	32.75
中国	26.04	35.01	125.23	58.74	蒙古	3.16	2.32	8.19	15.94
科特迪瓦	13.17	11.95	32.88	28.85	毛里求斯	39.93	30.08	59.22	69.75
哥伦比亚	13.21	12.04	40.2	62.82	马来西亚	155.77	132.84	148.35	144.09
塞浦路斯	47.53	40.31	105.07	20.39	尼日利亚	8.34	10.71	35.99	17.3
德国	58.16	39.27	58.37	37.48	荷兰	155.37	90.94	116.18	78.01
厄瓜多尔	5.87	6.07	8.11	7.11	尼泊尔	6.22	7.09	32.35	24.66
埃及	31.49	29.71	88.74	27.48	新西兰	45.72	34.58	36.78	53.57
西班牙	66.09	72.42	111.96	76.48	巴基斯坦	9.47	16.18	39.65	16.84
芬兰	190.4	102.8	134.15	50.95	巴拿马	33.08	23.36	30.13	30.6
法国	82.95	70.21	104.66	65.06	秘鲁	22.79	24.17	78.04	51.8
英国	174.01	121.09	140.76	126.53	菲律宾	47.93	36.34	59.75	73.9
加纳	14.31	14.32	11.44	8.44	葡萄牙	49.86	33.97	53.18	31.5
希腊	103.22	48.93	80.1	18.99	罗马尼亚	2.09	8.46	24.22	14.99
中国香港	289.43	313.83	480.23	396.88	俄罗斯	19.42	41.6	100.87	49.17
克罗地亚	11.92	15.83	81.07	38.73	沙特阿拉伯	31.94	53.98	108.08	60.05
印度尼西亚	33.19	18.38	40.51	45.03	新加坡	163.96	177.01	188.99	145.19

续表

国家或地区	1999 年	2003 年	2007 年	2011 年	国家或地区	1999 年	2003 年	2007 年	2011 年
印度	30.41	33.73	109.83	68.67	斯洛文尼亚	9.93	21.54	47.65	16.36
爱尔兰	67.98	49.65	62.65	39.29	泰国	39.21	59.26	70.79	81.69
伊朗	15.87	17.63	14.46	12.765	特立尼达和多巴哥	60.54	75.86	71.6	58.04
冰岛	44.74	76.77	195.47	14.7	突尼斯	10.59	8.72	12.77	22.05
以色列	44.82	52.1	126.29	77.37	土耳其	23.12	16.9	35.59	31
意大利	52.74	39.44	51.56	17.5	美国	162	115.09	141.73	110.16
牙买加	25.4	69.47	92.55	47.88	南非	156.13	157.94	265.62	145.23
约旦	71.13	88.35	204.18	100.13					

资料来源：世界银行（Financial Structure Database）。

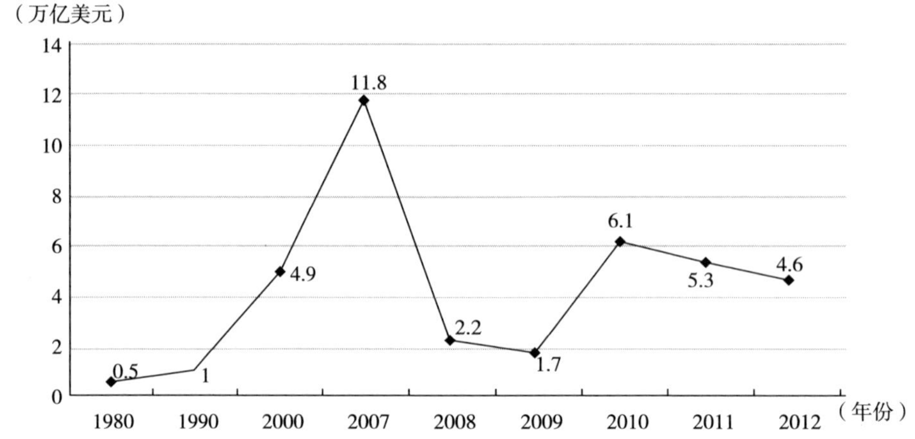

图 3-1　全球跨境资本流动规模

资料来源：麦肯锡全球研究院。

5. 全球金融管制放松化

20 世纪 70 年代中期之前，世界主要经济体普遍实行金融管制措施。之后由于世界经济处于滞胀时期，通货膨胀率高，名义利息率高，同时世界石油危机导致国际油价大幅上涨，企业和个人为了维持自己的经济利益不得不想办法对持有的资产进行保值，银行等受利率管制的金融机构难以吸引到更多存款，而其他不受利率管制的金融机构和利率管制较松的金融机构可以吸收较多存款，造成银行金融机构和非银行金融机构职能失衡。高通货膨胀导致名义利率上升，市场利率主导总体利率水平，管制利率背离总体利率水平，大量资金流出金融机构。受利率管制的银行等金融机构创造出新的存款产品来规避金融管制，避免利率管制给银行等金融机构带来损失。这些问题的出现迫使各国中央银行考虑放弃金融管制。20 世纪 70 年代中后期，各国逐渐放弃金融管制，取消存款利率限制，实现利率自由化；允许金融机构业务交叉；放松本国居民和外国居民投资限制，开放各类金融市场，放开资本流动限制；放松外汇管制。

6. 金融监管国际化

20 世纪 80 年代，国家金融创新层出不穷，各大经济体逐渐放松金融监管，世界金融业发展迅速，但银行资本对资产的比率一直呈下降趋势，金融风险不断增加。在此阶段，金融监管当局既需要保持金融市场良好发展势头，又需要维护金融体系的安全与稳定。1988 年，西方十国集团及卢森堡、瑞士中央银行代表共同签署《巴塞尔协议》，抑制了银行增加金融资产的冲动。协议生效以来，西方主要国家银行资本对资产的比率提高了。纽约证券交易所股市暴跌引起全球证券市场的连锁反应后，世界主要经济体意识到证券市场监管国际合作的重要性，开始通过证券交易委员会国际组织和国际投资与跨国企业委员会来协调证券市场国际监管相关问题。2008 年全球金融危机以来，G20 国峰会制定的全球金融改革方案从多角度强化了金融监管，G20 国主导的金融稳定理事会成为全球金融监管改革的重要平台。越来越多的国家签署《巴塞尔协议》，巴塞尔委员会已经成为全球银行监管规则的制定者，推动银行监管国际标准的实施，评估成员国执行银行监管规则程度。

7. 全球金融创新化

金融从出现的那天起就处于不断创新之中，20 世纪以来金融创新的影响范围越来越大。20 世纪五六十年代，金融创新的主要目的是规避金融监管。欧洲债券、平行贷款、自动转账是这一时期代表性的金融创新产品。20 世纪 70 年代，金融创新主要是为了转嫁金融风险，浮动利率票据、外汇期货、利率期货、联邦住宅抵押贷款是这一时期代表性的金融创新产品。20 世纪 80 年代，金融创新的主要目的是丰富金融产品，新开发了货币互换、利率互换、期权交易、可变期权交易等金融产品。20 世纪以来，金融创新主要表现为金融产品组合创新、金融与非金融产品组合创新，银证、银保、银证保业务证券化是这一时期代表性金融创新产品。

8. 银行经营国际化

20 世纪 80 年代以来，随着国际金融监管放松化，金融工具不断创新，跨国结算体系不断发展，银行加快国际化经营步伐。世界各大银行在全球增设办事处、代表处和分行，建立海外分支机构和附属金融机构，与其他银行组建合资银行或国际性银行集团。20 世纪 90 年代初，发达国家、亚洲新兴工业国家以及一部分发展中国家的大银行，纷纷在其他国家广设分支机构，以壮大自身力量。20 世纪 90 年代以来，银行经营国际化进一步加强，逐渐形成银行国际业务与国内业务的分工，大银行在国际市场上承揽金融业务，中小银行在国内金融市场开展业务。

9. 银行资本集中化

20 世纪 80 年代，全球金融管制普遍放松，许多银行积极拓展海外业务，银行在世界金融市场中竞争，竞争导致银行收益率降低，资本资产比率降低，一些银行在竞争中破产，一些银行在竞争中被兼并，一些经营状况良好的银行收购、兼并其他银行以壮大自身某方面的能力，规模不断增大。21 世纪以来，银行业的全球并购重组进一步将银行资本集中化。而今，跨国银行已成为国际金融市场主体之一，利用广泛分布的网络从全球吸收资金，又向全球投放贷款，是国际资本流动的主要推动者。

二、不同收入水平国家或地区金融发展的差异性分析

1. 区域间金融资产总量差距明显

全球金融资产总量不断增加但金融资产在区域间分布不均衡。根据麦肯锡全球

研究院统计数据计算的 2010 年全球金融资产分布如图 3-2 所示。由图 3-2 可知，美国是全球最大的金融市场，美国金融资产占全球金融资产的 31.9%，西欧是全球第二大金融市场，其金融资产占全球金融资产的 30.1%，这两大金融市场金融资产占全球金融资产的 60%以上。日本是全球第三大金融市场，日本金融资产占全球金融资产的 11.7%，其他发达经济体和中国金融资产占全球金融资产的比例分别是 8.7%和 7.6%。这些国家金融资产占全球金融资产的比例已超过 80%。

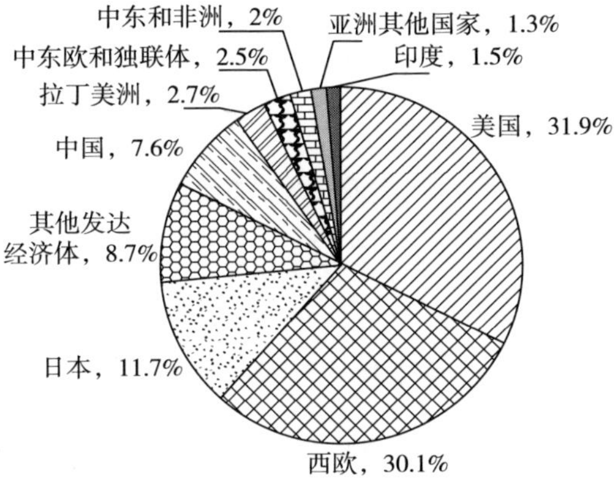

图 3-2 2010 年全球金融资产分布

资料来源：麦肯锡全球研究院。

2. 全球主要经济体金融深化程度差异明显

经济发展水平不同的国家，金融深化程度差异明显。金融资产与当期 GDP 之比是反映金融深化的重要指标。2012 年第二季度全球主要经济体金融资产与当期 GDP 之比反映的金融深化程度如图 3-3 所示。由图 3-3 可以看出，2012 年第二季度发达经济体金融深化程度为 408%，中国和亚洲其他新兴经济体金融深化程度分别是 226%和 151%，分别约为发达经济体金融深化程度的 55%、37%。拉丁美洲国家金融深化程度则更低，约是发达经济体的 1/3。

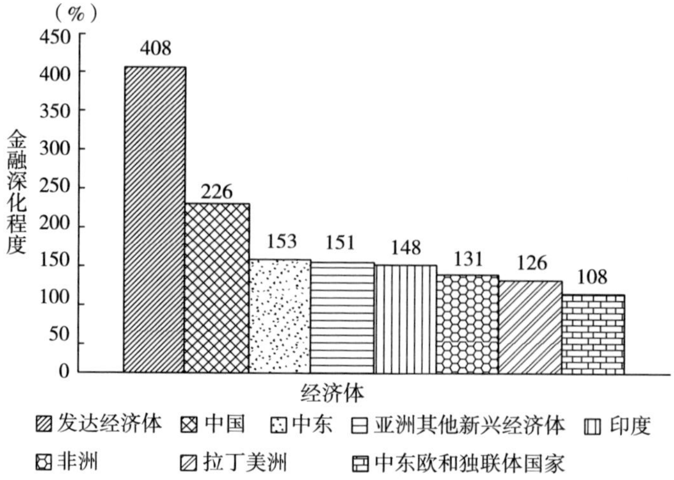

图 3-3　2012 年第二季度全球主要经济体金融深化程度

资料来源：麦肯锡全球研究院。

3. 收入水平不同经济体股票市场发展存在差异

全球股票市场发展迅速，但不同收入水平股票市场发展差距明显。如图 3-4 所示，除 2002 年和 2008 年外，1991～2012 年全球股票市值总体在增长，1991 年发达经济体股票市值约为 11 万亿美元，而 2007 年超过 50 万亿美元，增长迅速。这些发达经济体股票市值远高于其他中等收入经济体股票市值。常用股票总市值与 GDP 之比来反映股票市场规模，用股票市场交易额与 GDP 之比来反映股票市场活跃程度。由图 3-5 可知，1991～2012 年高收入国家股票总市值与 GDP 之比高于中等偏上收入国家和中等偏下收入国家的比值，以 2011 年为例，高收入国家股票总市值与 GDP 之比是 76%，而中等偏上和中等偏下收入国家股票总市值与 GDP 之比分别是 44.9%和 43.0%。1991～2012 年高收入国家股票市场交易额与 GDP 之比高于中等偏上和中等偏下国家的比值，以 2012 年为例，高收入国家股票市场交易额与 GDP 之比约为 71%，而中等偏上国家和中等偏下国家股票市场交易额与 GDP 之比分别约为 50%和 18.1%（见图 3-6）。

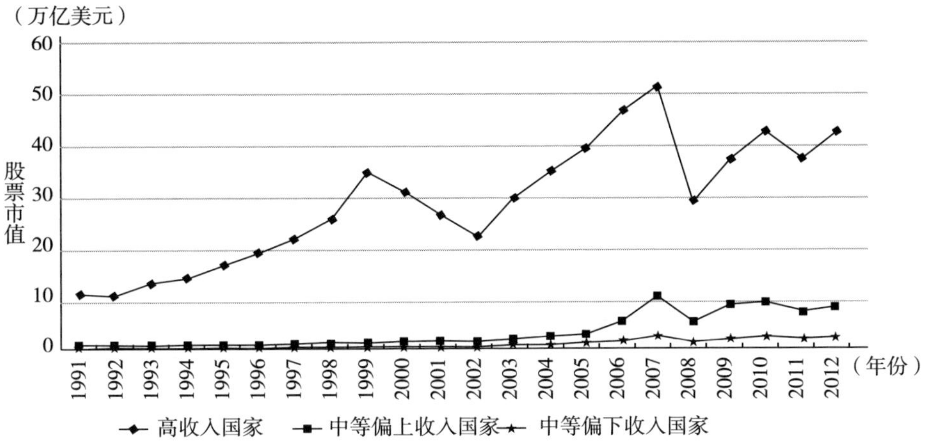

图 3-4　不同收入水平经济体股票市值

资料来源：世界银行世界发展指数数据库。

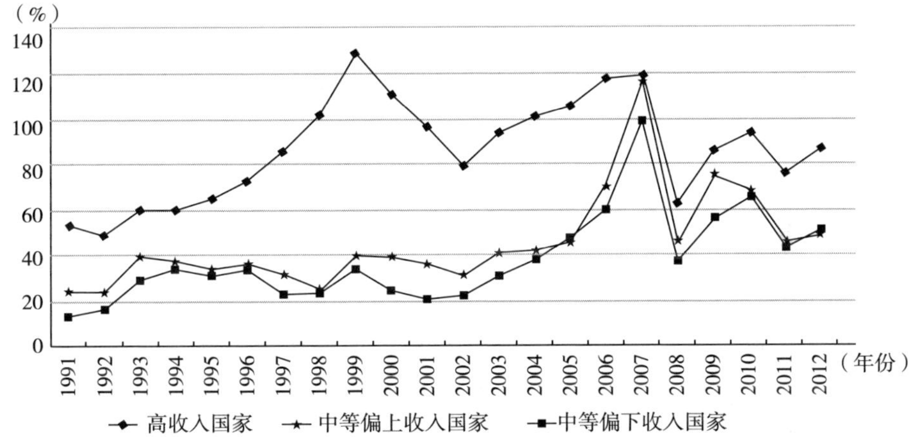

图 3-5　不同收入水平经济体股票市值与 GDP 之比

资料来源：世界银行世界发展指数数据。

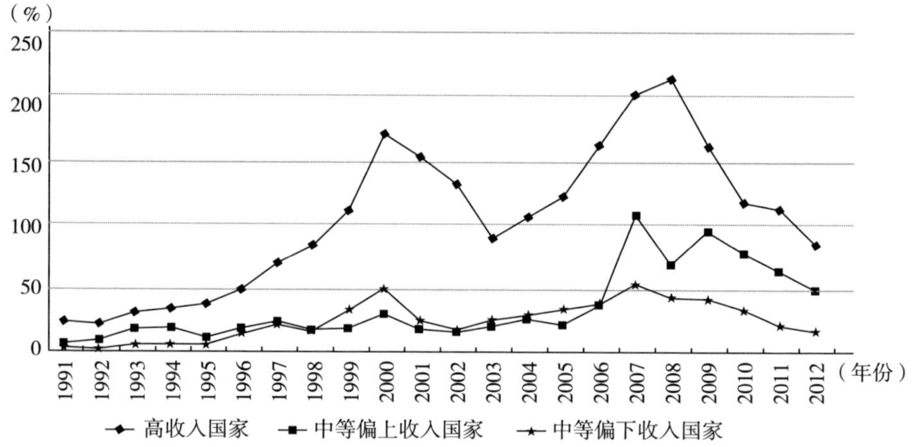

图 3-6　不同经济体股票市场交易额与 GDP 之比

资料来源：世界银行世界发展指数数据库。

第二节　全球出口贸易发展状况

一、全球出口贸易发展状况分析

(一) 全球出口贸易在曲折中发展

2008 年国际金融危机之前，全球出口贸易持续稳定发展，2001 年后发展速度快于 2000 年以前。全球出口贸易从 1995 年的 5.04 万亿美元持续增长到 2008 年的 16.1 万亿美元，2008 年全球贸易额是 1995 年的 3 倍。受 2008 年国际金融危机的影响，2009 年世界出口贸易额下降为 12.1 万亿美元（见图 3-7）。2010~2014 年增长缓慢，2012 年超过国际金融危机发生前的最高值，2014 年增长到 18.4 万亿美元。2012~2014 年世界贸易年均增长率为 2.4%，2014 年增长率为 2.8%，但是 2015 年受世界经济增长乏力、发达国家进口需求低迷，发展中国家受大宗产品价格疲软、美元震荡、地缘政治冲突和自然灾害的影响，全球贸易环境恶化。2015 年 1~11 月全球出口贸易额下滑约 11%。

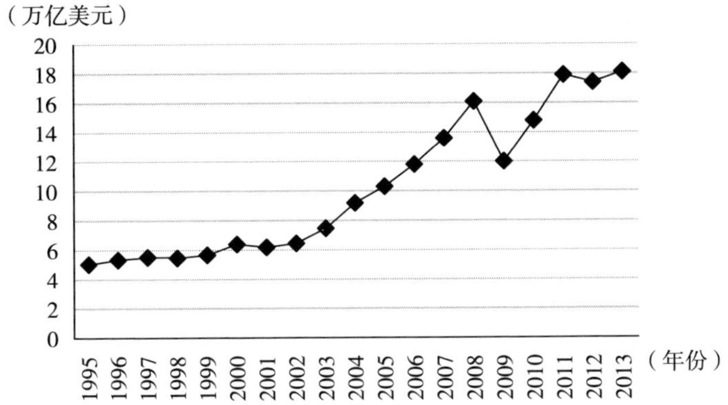

图 3-7　1995~2013 年世界出口贸易额

资料来源：笔者根据 CEPII-BACI 数据库数据计算。

（二）金融发展水平不同的国家或地区出口贸易发展差异性分析

1995~2014 年，除个别年份外，全球出口贸易额总体处于上升态势，但国家或地区间出口贸易发展不均衡，发达国家和新兴经济体出口贸易额占世界出口贸易额的比重较高。金融发展水平不同的国家或地区出口贸易发展存在差异。本书以商业银行及其他金融机构贷款与 GDP 之比作为金融发展的代理变量，选择可以找到金融发展数据的 117 个国家或地区，按金融发展水平高低分为两组，将 2013 年 HS 6 分位产品数据加总，对比了金融发展水平不同的国家或地区出口贸易量，如表 3-2 所示，2013 年金融发展水平高的国家或地区平均出口贸易额是 210. 85 百万美元，金融发展水平低的国家或地区平均出口贸易额是 45. 53 百万美元。

表 3-2　2013 年金融发展水平不同的国家或地区出口贸易比较　　单位：百万美元

金融发展水平高的国家或地区			金融发展水平低的国家或地区		
国家或地区	出口额	金融发展水平	国家或地区	出口额	金融发展水平
塞浦路斯	5. 52	284. 62	蒙古	4. 26	41. 44

续表

金融发展水平高的国家或地区			金融发展水平低的国家或地区		
国家或地区	出口额	金融发展水平	国家或地区	出口额	金融发展水平
爱尔兰	134.44	209.04	俄罗斯	507.05	40.8
西班牙	291.22	207.84	沙特阿拉伯	633.49	37.71
荷兰	539.22	198.2	巴拉圭	7.29	37.4
葡萄牙	63.41	193.55	阿尔巴尼亚	2.62	37.23
英国	453.47	191.54	哈萨克斯坦	73.98	34.87
中国香港	150.70	186.24	玻利维亚	11.84	33.75
瑞士	311.83	167.05	肯尼亚	5.22	33.58
新西兰	40.15	145.16	白俄罗斯	36.43	33.19
马耳他	7.81	127.24	哥伦比亚	61.19	31.96
希腊	35.55	123.56	马尔代夫	2.91	31.59
意大利	499.71	121.76	特立尼达和多巴哥	16.51	30.47
中国	2247.58	121.49	埃及	36.43	30.37
澳大利亚	265.24	121.3	格鲁吉亚	3.45	30.37
奥地利	164.33	117.79	亚美尼亚	1.63	29.9
法国	564.41	113.6	菲律宾	76.32	29.79
圣卢西亚	0.04	112.55	老挝	3.03	28.28
马来西亚	258.03	106.4	厄瓜多尔	26.65	28.2
日本	738.78	105.21	塞内加尔	1.15	27.03
新加坡	257.47	104.22	柬埔寨	13.89	26.82
德国	1384.00	103.8	斯里兰卡	10.41	26.71
泰国	238.80	101.91	多哥	1.80	26.48
冰岛	5.81	100.5	伊朗	48.93	26.385
韩国	571.54	98.43	牙买加	1.54	25.58
芬兰	78.15	93.85	印度尼西亚	203.61	25.37
以色列	54.33	92.54	秘鲁	43.77	23.99
比利时	388.88	92.28	叙利亚	1.35	23.89
斯洛文尼亚	29.33	91.46	贝宁	0.89	23.85
巴巴多斯	0.58	87.16	苏里南	1.04	23.78
爱沙尼亚	17.06	87.14	莫桑比克	6.97	23.23
毛里求斯	2.85	86.72	尼日利亚	94.85	22.91

续表

金融发展水平高的国家或地区			金融发展水平低的国家或地区		
国家或地区	出口额	金融发展水平	国家或地区	出口额	金融发展水平
博奈尔、圣尤斯特歇斯和萨巴岛	3.51	85.2	危地马拉	11.31	22.58
格林纳达	0.04	80.76	多米尼加	7.24	22.02
巴拿马	6.96	79.11	乌拉圭	10.73	21.94
约旦	9.09	69.71	科特迪瓦	13.81	19.29
克罗地亚	12.22	69.07	马里	0.52	19.27
澳门	26.90	68.74	安哥拉	59.91	19.12
圣基茨和尼维斯	0.06	68.38	布基纳法索	2.72	18.78
突尼斯	19.95	67.72	墨西哥	379.45	18.26
南非	114.85	67.66	巴基斯坦	28.18	18.05
伯利兹	0.57	60.7	马拉维	1.37	17.83
佛得角	0.14	60.59	布隆迪	0.08	16.81
多米尼克	0.06	56.21	阿塞拜疆	28.62	16.5
巴西	247.37	55.65	坦桑尼亚	5.59	15.79
乌克兰	64.74	54.46	乌干达	2.66	13.75
美国	1419.19	52.62	阿根廷	76.34	13.51
梵蒂冈	0.05	51.99	冈比亚	0.23	13.42
科威特	108.58	51.68	加纳	18.75	13.22
中国澳门	1.66	50.47	尼日尔	3.09	13.04
斐济	1.26	50.14	喀麦隆	4.57	12.2
尼泊尔	0.89	49.96	马达加斯加	2.21	10.88
斯洛伐克	77.41	48.24	几内亚比绍	0.29	9.3
印度	290.35	47.15	中非	0.11	9.09
洪都拉斯	8.01	46.18	加蓬	8.78	7.86
不丹	0.15	44.97	赤道几内亚	12.78	6.64
哥斯达黎加	25.59	44.61	刚果（布）	12.18	5.66
孟加拉国	31.12	44.61	乍得	2.73	5.34
马其顿共和国	4.72	43.67	萨尔瓦多	5.79	4.41
土耳其	164.60	43.17			
均值	210.85	—	均值	45.53	—

二、全球出口贸易扩展边际、数量边际和价格边际分析

（一）出口总量三元分解方法

本书采用 Hummels 和 Klenow（2005）方法对跨国出口贸易进行三元分解，具体地将出口相对份额分解为扩展边际、数量边际和价格边际。

首先，将扩展边际（Extensive Margin）定义为：

$$EM_{jm}=\frac{\sum_{i\in I_{jm}}P_{rmi}Q_{rmi}}{\sum_{i\in I}P_{rmi}Q_{rmi}} \tag{3-1}$$

式（3-1）中，j 表示出口国，m 表示进口国，r 表示参考国。i 表示出口商品种类，代表出口商品种类集。EM_{jm} 代表出口国 j 出口到进口国 m 的扩展边际，P_{rmi} 表示 i 产品从参考国 r 出口到进口国 m 的价格，Q_{rmi} 表示 i 产品从参考国 r 出口到进口国 m 的数量。I_{jm} 表示出口国 j 出口到进口国 m 的商品种类集，代表所有出口商品种类，即 $I_{jm}\subseteq I$。本书选择 j 国之外的所有出口国为参考国。式中分子表示与出口国 j 出口到进口国 m 种类相同的世界其他国家对进口国 m 的出口量，分母表示世界其他国家对进口国 m 出口的所有商品种类的出口量。

扩展边际可以看作出口国 j 出口到进口国 m 的商品种类与参考国 r 出口到进口国 m 的商品种类之比。如果所有出口商品在贸易中占的权重相同的话，出口广度就可以简化为出口国 i 出口商品集合占进口国 m 进口商品集合的比例。更为一般地，扩展边际表示以参考国 k 出口到进口国 m 出口量为权重的商品组合。该指标越大，出口国与参考国出口产品种类重叠越多，出口国出口商品种类越多，扩展边际越大。

其次，将集约边际定义为：

$$IM_{jm}=\frac{\sum_{i\in I_{jm}}P_{jmi}Q_{jmi}}{\sum_{i\in I_{jm}}P_{rmi}Q_{rmi}} \tag{3-2}$$

式（3-2）中，IM_{jm} 表示出口国 j 与进口国 m 的集约边际，分子表示 j 出口

国对进口国 m 的出口量，分母表示与出口国 j 出口到进口国 m 种类相同的世界其他国家对进口国 m 的出口量，集约边际表示在出口国与参照国重合商品集上，出口国 j 对进口国 m 的出口量与世界其他国家对进口国 m 出口量之比。该指标越大，说明在不考虑出口产品种类的变化情况下，出口国相对于参考国出口量的变化越大。

进一步地，采用 Feenstra 等（2014）的推导，进口国 m 从 j 国的进口量与从参考国 r 的进口量之比推导的价格指数有：

$$P_{jm} = \prod_{i \in I_{jm}} \left(\frac{p_{jmi}}{p_{rmi}} \right)^{w_{jmi}} \tag{3-3}$$

权重为：

$$w_{jmi} = \frac{\dfrac{s_{jmi} - s_{rmi}}{\ln s_{jmi} - \ln s_{rmi}}}{\sum\limits_{i \in I_{jm}} \dfrac{s_{jmi} - s_{rmi}}{\ln s_{jmi} - \ln s_{rmi}}} \tag{3-4}$$

式（3-4）中，s_{jmi} 表示商品种类 i 在 j 国出口到进口国 m 出口市场份额，代表参考国 i 在与 j 国出口种类重合的商品上的出口市场份额。

$$s_{jmi} = \frac{p_{jmi} x_{jmi}}{\sum\limits_{i \in I_{jm}} p_{jmi} x_{jmi}} \tag{3-5}$$

$$s_{rmi} = \frac{p_{rmi} x_{rmi}}{\sum\limits_{i \in I_{jm}} p_{rmi} x_{rmi}} \tag{3-6}$$

由此，可以将集约边际进一步分解为价格边际和数量边际。

$$IM_{jm} = P_{jm} \times Q_{jm} \tag{3-7}$$

式中，$Q_{jm} = \prod\limits_{i \in I_{jm}} \left(\dfrac{q_{jmi}}{q_{rmi}} \right)^{w_{jmi}}$ （3-8）

因此，有 $\dfrac{\sum\limits_{i=1}^{I} p_{jmi} x_{jmi}}{\sum\limits_{i=1}^{I} p_{rmi} x_{rmi}} = EM_{jm} IM_{jm} = EM_{jm} \times P_{jm} \times Q_{jm}$ （3-9）

可以看出，式（3-9）左边是出口国 j 出口到进口国 m 与参照国 r 出口到进口国 m 出口量之比，中间是扩展边际与集约边际的乘积。该式表明如果一国出口多种类的商品或者特定种类商品，出口量越大就可以获得越多的相对市场份额。动态来看，如果一国比以往出口更多种类的商品或者在原有出口种类上出口量更大，则该国出口市场份额会扩大。等式右边是集约边际、数量边际和价格边际的乘积，表明一国出口更多种类的商品，或者特定商品保持出口价格不变出口量增加，或者特定商品出口数量不变出口价格提高，则其相对市场份额也会提高。因此，一国出口相对市场份额被分解成出口产品种类、数量和价格的乘积。

（二）跨国双边贸易量的三元分解

采用 CEPII-BACI 数据库 HS 6 分位 1992 版本，对 200 多个国家或地区贸易数据用前文介绍的方法对跨国双边贸易总量进行三元分解。2013 年双边贸易总量前 20 位国家或地区出口贸易三元分解结果如表 3-3 所示。

从表 3-3 可以看出，2013 年全球双边贸易量前五位分别为中国与美国、加拿大与美国、中国与中国香港、墨西哥与美国、美国与加拿大，出口额分别为 4230.0 亿美元、3210.0 亿美元、2710.0 亿美元、2700.0 亿美元和 2310.0 亿美元。在进口国或地区市场上，出口国或地区与其他出口国或地区相对贸易份额的前五位分别是 0.247、0.177、0.802、0.145 和 1.115。

相对市场份额可以进一步分解为扩展边际、数量边际和价格边际。前五大双边贸易额分解的扩展边际分别是 0.947、0.961、0.983、0.955 和 0.976，数量边际分别是 0.314、0.172、1.029、0.166 和 1.062，价格边际分别是 0.831、1.070、0.791、0.912 和 1.054。

表 3-4 列出了 2013 年出口到美国市场上的前 19 位出口大国贸易量三元边际的分解结果。通过分析可以看出出口三元边际有以下特点：

1. 进口市场相对集中，相对贸易份额高的国家或地区出口扩展边际和数量边际较大

2013 年美国前三位进口市场分别是中国、加拿大和墨西哥，这三大来源地的相对贸易份额分别是 0.247、0.177 和 0.145，而第四、第五大进口来源地的相

对出口份额仅为0.067和0.056，第六位以后的进口来源地的相对市场份额则低于0.031。贸易大国出口扩展边际较高，美国前三大进口来源地扩展边际分别为0.947、0.961和0.955，高于大多数国家。美国前三大进口来源地数量边际分别是0.314、0.172和0.166，而第四和第五大目标市场出口数量边际仅为0.052和0.044。

表3-3　2013年双边贸易量前20位国家或地区的贸易量三元分解结果

出口国或地区	进口国或地区	出口额（亿美元）	相对贸易份额	扩展边际	数量边际	价格边际
中国	美国	4230.0	0.247	0.947	0.314	0.831
加拿大	美国	3210.0	0.177	0.961	0.172	1.070
中国	中国香港	2710.0	0.802	0.983	1.029	0.791
墨西哥	美国	2700.0	0.145	0.955	0.166	0.912
美国	加拿大	2310.0	1.115	0.976	1.062	1.054
沙特阿拉伯	中国台湾	2000.0	0.922	0.226	4.051	1.009
美国	墨西哥	1810.0	1.034	0.900	1.121	1.008
中国	日本	1640.0	0.272	0.812	0.434	0.770
中国台湾	中国	1560.0	0.111	0.582	0.183	1.040
韩国	中国	1420.0	0.101	0.777	0.126	1.031
日本	美国	1350.0	0.067	0.932	0.052	1.384
日本	中国	1340.0	0.094	0.753	0.101	1.237
美国	中国	1310.0	0.092	0.839	0.085	1.287
德国	法国	1210.0	0.224	0.996	0.199	1.130
荷兰	德国	1150.0	0.112	0.971	0.102	1.123
德国	美国	1130.0	0.056	0.843	0.044	1.526
澳大利亚	中国	944.0	0.065	0.790	0.052	1.584
荷兰	比利时	939.0	0.249	0.955	0.276	0.942
中国	德国	925.0	0.088	0.770	0.151	0.755
德国	英国	888.0	0.165	0.964	0.137	1.248

资料来源：笔者根据CEPII-BACI贸易数据计算。

2. 出口扩展边际和数量边际总体上随相对贸易份额的减少而下降，数量边际下降幅度明显

美国前四大进口来源地的扩展边际在0.93以上，而第17~20位进口来源地扩展边际在0.78以下。美国进口前三大来源地数量边际均大于0.15，而第15~20位进口来源地数量边际除越南外均低于0.015。

3. 发达国家出口价格边际较高，价格边际随相对贸易份额呈波动趋势

经济发展水平高的国家出口价格边际较高。美国前19位进口来源地中，出口价格边际较高的国家依次是爱尔兰、瑞典、法国、德国、意大利、日本、英国，这些国家均是发达国家。发展中国家出口价格边际较低，第一大进口来源地中国的价格边际最低，仅为0.831，第三大进口来源地墨西哥也较低，仅为0.912。价格边际随出口相对份额呈波动趋势，出口相对份额高的市场价格边际可能低，如中国和墨西哥，而出口相对份额低的国家出口价格边际反而可能高，如爱尔兰和瑞典。

表3-4　2013年世界主要国家和地区出口到美国贸易量三元分解结果

出口国或地区	出口额（亿美元）	相对贸易份额	扩展边际	数量边际	价格边际
中国	4233.846	0.247	0.947	0.314	0.831
加拿大	3208.074	0.177	0.961	0.172	1.07
墨西哥	2695.57	0.145	0.955	0.166	0.912
日本	1348.376	0.067	0.932	0.052	1.384
德国	1131.86	0.056	0.843	0.044	1.526
韩国	640.55	0.031	0.802	0.036	1.064
英国	501.504	0.024	0.976	0.018	1.368
沙特阿拉伯	476.085	0.023	0.546	0.042	0.992
法国	398.317	0.019	0.948	0.011	1.851
意大利	381.165	0.018	0.949	0.013	1.478
印度	338.713	0.016	0.774	0.021	0.975
中国台湾	330.483	0.016	0.674	0.022	1.038
委内瑞拉	293.667	0.014	0.542	0.025	1.013
泰国	258.254	0.012	0.871	0.013	1.11
巴西	251.646	0.012	0.916	0.012	1.127
瑞典	245.466	0.012	0.77	0.004	4.051

续表

出口国或地区	出口额（亿美元）	相对贸易份额	扩展边际	数量边际	价格边际
越南	244.715	0.012	0.723	0.015	1.09
马来西亚	237.21	0.011	0.682	0.012	1.38
爱尔兰	221.517	0.01	0.705	0.002	6.311

资料来源：笔者根据 CEPII-BACI 贸易数据计算。

（三）金融发展水平不同的国家或地区出口三元边际的差异性分析

将本书回归分析用到的 118 个出口国或地区整体样本按照金融发展水平分两组，分析金融发展水平不同的国家或地区出口扩展边际、数量边际和价格边际的差异性，如表 3-5 所示，通过分析可以看出：

1. 金融发展水平高的国家或地区出口扩展边际和价格边际高于金融发展水平低的国家或地区

金融发展水平高的国家或地区出口相对份额均值是 0.020，金融发展水平低的国家或地区出口相对份额均值是 0.005，金融发展水平高的国家或地区的平均出口相对份额是金融发展水平低的国家或地区的 4 倍。金融发展水平高的国家或地区扩展边际的均值是 0.236，金融发展水平低的国家或地区的扩展边际均值是 0.078，金融发展水平高的国家或地区的扩展边际是金融发展水平低的国家或地区扩展边际的 3 倍多。金融发展水平高的国家或地区的价格边际的均值是 2.063，金融发展水平低的国家或地区的价格边际的均值是 1.791，金融发展水平高的国家或地区的价格边际是金融发展水平低的国家或地区价格边际的 1.15 倍。

表 3-5 金融发展水平不同的国家或地区出口三元边际的比较分析

指标	金融发展水平高的国家或地区			金融发展水平低的国家或地区		
	样本量	均值	方差	样本量	均值	方差
相对份额	71697	0.020	0.066	55741	0.005	0.043
扩展边际	71697	0.236	0.264	55741	0.078	0.142
数量边际	71697	0.109	0.252	55741	0.187	0.357
价格边际	71697	2.063	3.103	55741	1.791	3.204

资料来源：笔者根据 1995~2011 年 118 个出口国或地区和 96 个进口国或地区 CEPII-BACI 贸易数据计算。

2. 金融发展水平低的国家或地区数量边际高于金融发展水平高的国家或地区

金融发展水平低的国家或地区数量边际的均值是 0.187，金融发展水平高的国家或地区数量边际的均值是 0.109，金融发展水平低的国家或地区的扩展边际约为金融发展水平高的国家或地区的 1.7 倍。

三、全球出口市场分析

（一）全球出口市场数量特征

表 3-6 列出了可以获得金融数据的有代表性的 65 个出口国或地区出口目标市场数量的统计值，从该表可以看出出口国或地区目标市场数量有以下特征：

1. 出口目标市场数量较多

1995 年有 10 个国家或地区的出口目标市场数量超过 200 个，2007 年增加到 26 个，2013 年为 24 个。

表 3-6 全球部分国家或地区出口目标市场数量 单位：个

国家或地区	1995 年	2007 年	2013 年	国家或地区	1995 年	2007 年	2013 年
比利时	205	224	226	美国	211	216	217
荷兰	207	225	225	印度	200	217	216
德国	208	225	225	南非	190	210	211
英国	211	220	223	印度尼西亚	158	211	208
意大利	207	217	221	土耳其	171	205	207
法国	204	222	220	巴西	181	210	205
西班牙	197	211	217	菲律宾	95	192	197
瑞士	194	217	217	巴基斯坦	99	204	195
泰国	198	218	215	墨西哥	171	197	194
韩国	199	211	215	俄罗斯	103	184	189
马来西亚	202	212	214	罗马尼亚	166	179	189
新加坡	168	178	213	斯里兰卡	98	139	186
日本	209	210	210	阿根廷	155	184	185
中国	201	209	209	沙特阿拉伯	158	189	177
澳大利亚	201	212	208	哥伦比亚	160	176	177
奥地利	192	208	208	秘鲁	143	176	177
新西兰	169	203	207	埃及	155	178	174

续表

国家或地区	1995年	2007年	2013年	国家或地区	1995年	2007年	2013年
爱尔兰	197	204	203	突尼斯	129	159	169
中国香港	183	202	200	厄瓜多尔	123	163	164
芬兰	191	206	199	科特迪瓦	125	150	154
葡萄牙	191	199	197	尼日利亚	86	149	150
以色列	158	189	197	科威特	61	148	148
希腊	185	197	194	加纳	72	146	148
斯洛文尼亚	152	173	184	牙买加	84	131	137
塞浦路斯	151	176	180	尼泊尔	52	95	128
中国澳门	136	169	180	孟加拉国	141	182	127
克罗地亚	155	171	175	马其顿共和国	85	113	126
马耳他	116	153	163	伊朗	92	134	124
毛里求斯	121	150	158	肯尼亚	86	176	122
约旦	128	153	153	玻利维亚	80	111	109
冰岛	100	148	150	特立尼达和多巴哥	111	134	94
巴拿马	101	141	138	蒙古	40	82	85
巴巴多斯	57	112	122				

资料来源：笔者根据CEPII-BACI出口数据计算。

2. 发展中国家出口目标市场数量增加

发展中国家出口目标市场数量增加，如蒙古1995年的出口目标市场数量为45个，2007年增加到82个，2013年为85个。商品出口总体目标市场数量增加的潜力已经不大，但是在某些产品上仍然有继续增加的潜力。

（二）金融发展水平不同的国家或地区间出口目标市场数量差异性分析

选择可获得金融发展水平数据的1995~2013年65个国家或地区出口贸易数据，计算各年度出口目标市场数量均值，且进一步按商业银行及其他金融机构贷款与GDP的比值将这65个国家或地区分为金融发展水平高的国家或地区和金融发展水平低的国家或地区两组，表3-7比较了1995~2013年金融发展水不同的国家或地区出口目标市场数量的均值。由表3-7可知：

1. 金融发展水平高的国家或地区出口目标市场数量均值较高

1995年，金融发展水平高的国家或地区平均出口目标市场数量是172.55个，高于金融发展水平低的国家或地区的 124.41 个。2007 年，金融发展水平高的国家或地区平均出口目标市场数量是 192.88 个，而金融发展水平低的国家或地区是 166.88 个。2013 年金融发展水平高的国家或地区和金融发展水平低的国家或地区出口目标市场数量分别是 195.94 个和 165.28 个。

表 3-7　金融发展水平不同的国家或地区出口目标市场数量均值比较 单位：个

金融发展水平高的国家或地区				金融发展水平低的国家或地区			
年份	数量	年份	数量	年份	数量	年份	数量
1995	172.55	2005	190.55	1995	124.41	2005	165.00
1996	174.00	2006	191.33	1996	137.94	2006	163.88
1997	178.00	2007	192.88	1997	142.41	2007	166.88
1998	178.58	2008	192.79	1998	147.16	2008	164.19
1999	182.39	2009	188.09	1999	147.59	2009	151.88
2000	183.42	2010	193.94	2000	150.75	2010	168.13
2001	185.27	2011	195.67	2001	153.88	2011	165.81
2002	186.85	2012	195.30	2002	154.66	2012	161.44
2003	186.97	2013	195.94	2003	162.09	2013	165.28
2004	187.70	—	—	2004	161.66	—	—

资料来源：笔者根据 CEPII-BACI 出口数据计算。

2. 金融发展水平低的国家或地区出口目标市场数量增长速度快于金融发展水平高的国家或地区

除 2009 年外，1995~2013 年总体出口目标市场数量的均值呈上升趋势，且金融发展水平低的国家或地区出口目标市场数量增长速度快于金融发展水平高的国家或地区。金融发展水平高的国家或地区和金融发展水平低的国家或地区 2013 年出口目标市场数量的均值分别是 1995 年出口目标市场数量均值的 1.14 倍和 1.33 倍。

四、全球出口贸易关系持续时间分析

（一）全球出口贸易持续时间总体分析

本书基于 1995~2011 年 65 个出口国或地区和 96 个进口国或地区 HS 6 分位数据，计算全球产品层面贸易关系持续时间，计算结果如表 3-8 所示。1995~

2011年67个出口国或地区96个进口国或地区共有7558504段出口关系，其中，4562402段出口贸易关系只能维持一年，占总出口贸易关系的60.36%；815949段出口贸易关系只能维持两年，占总出口贸易关系的10.80%。71.16%的出口贸易关系不超过两年。出口贸易关系持续时间为8~16年的均不超过1%，累计占5.82%，有10.56%的贸易关系可以持续17年及以上。

表3-8　出口贸易关系持续时间分析　　单位：年，段，%

时间	段数	百分比	时间	段数	百分比
1	4562402	60.36	10	45856	0.61
2	815949	10.80	11	40329	0.53
3	354307	4.69	12	53535	0.71
4	210916	2.79	13	35246	0.47
5	198302	2.62	14	44863	0.59
6	97023	1.28	15	44015	0.58
7	81728	1.08	16	59510	0.79
8	61876	0.82	17	798209	10.56
9	54438	0.72	合计	7558504	100.00

资料来源：笔者根据CEPII-BACI 65个出口国或地区和96个进口国或地区贸易数据计算。

1995~2011年65个国家或地区出口到96个国家或地区贸易关系持续时间的均值如表3-9所示。其出口贸易关系持续时间均值为2.88年，约1/3的国家或地区平均出口贸易关系持续时间不超过2年。出口贸易关系持续时间最长的是德国，为5.99年，最短的是北马其顿，为1.41年。美国、意大利、英国、日本和法国出口贸易关系均值超过5年。

表3-9　65个国家或地区出口到96个进口国或地区贸易关系持续时间

国家或地区	时间	国家或地区	时间	国家或地区	时间	国家或地区	时间
德国	5.99	泰国	3.37	罗马尼亚	2.63	厄瓜多尔	1.82
美国	5.82	巴西	3.34	哥伦比亚	2.58	塞浦路斯	1.8
意大利	5.4	墨西哥	3.28	南非	2.51	玻利维亚	1.77
英国	5.11	土耳其	3.14	巴拿马	2.44	巴巴多斯	1.69

续表

国家或地区	时间	国家或地区	时间	国家或地区	时间	国家或地区	时间
日本	5. 08	俄罗斯	3. 12	突尼斯	2. 4	牙买加	1. 68
法国	5. 05	马来西亚	3. 1	特立尼达和多巴哥	2. 36	冰岛	1. 67
瑞士	4. 44	葡萄牙	2. 98	中国澳门	2. 31	约旦	1. 6
荷兰	4. 33	印度尼西亚	2. 93	孟加拉国	2. 27	沙特阿拉伯	1. 55
西班牙	4. 3	印度	2. 9	斯里兰卡	2. 27	加纳	1. 52
中国	4. 22	澳大利亚	2. 84	秘鲁	2. 23	蒙古	1. 5
奥地利	4. 11	希腊	2. 82	巴基斯坦	2. 15	肯尼亚	1. 5
韩国	3. 95	菲律宾	2. 8	尼泊尔	1. 99	尼日利亚	1. 43
比利时	3. 94	以色列	2. 75	科特迪瓦	1. 97	科威特	1. 42
中国香港	3. 91	爱尔兰	2. 73	毛里求斯	1. 93	北马其顿	1. 41
新加坡	3. 86	阿根廷	2. 73	伊朗	1. 91		
芬兰	3. 66	克罗地亚	2. 72	埃及	1. 89		
斯洛文尼亚	3. 53	新西兰	2. 68	马耳他	1. 84	均值	2. 88

资料来源：笔者根据 CEPII-BACI 数据库计算。

（二）金融发展水平不同的国家出口贸易关系持续时间差异性分析

金融发展水平高的国家出口贸易关系持续时间更长。本书进一步地将 65 个出口国或地区按 2011 年金融发展水平高低分为两组，比较了金融发展水平高的国家或地区和金融发展水平低的国家或地区贸易关系持续时间之间的差异。如表 3-10 所示，金融发展水平高的国家或地区有 12. 27%的出口贸易关系可以持续到 17 年及以上，而金融发展水平低的国家或地区仅有 6. 79%的出口贸易关系可以持续到 17 年及以上。金融发展水平高的国家或地区有 58. 24%的出口贸易关系持续时间为 1 年，而金融发展水平低的国家或地区有 64. 43%的贸易关系持续时间为 1 年。金融发展水平高的国家或地区有 68. 65%的贸易关系持续时间不超过 2 年，而金融发展水平低的国家或地区有 75. 96%的贸易关系持续时间不超过 2 年。金融发展水平高的国家或地区出口贸易关系持续时间在 3 年以上的比率均高于金融发展水平低的国家或地区。

总体来看，金融发展水平高的国家或地区出口贸易关系持续时间更长。将样本按金融发展水平高低分为两组计算出口贸易关系持续时间的均值，金融发展水平高的国家或地区出口贸易关系持续时间均值为 4. 16 年，金融发展水平低的国家或地区出口贸易关系持续时间均值为 3. 15 年。

表 3-10　金融发展水平不同的国家或地区贸易关系持续时间比较

单位：年，段，%

时间	金融发展水平高的国家或地区		金融发展水平低的国家或地区	
	段数	百分比	段数	百分比
1	3013236	58. 24	1549166	64. 43
2	538717	10. 41	277232	11. 53
3	239348	4. 63	114959	4. 78
4	145278	2. 81	65638	2. 73
5	138784	2. 68	59518	2. 48
6	68237	1. 32	28750	1. 20
7	58707	1. 13	23021	0. 96
8	44080	0. 85	17796	0. 74
9	38262	0. 74	16176	0. 67
10	33512	0. 65	12344	0. 51
11	29714	0. 57	10615	0. 44
12	41178	0. 80	12357	0. 51
13	25395	0. 49	9851	0. 41
14	32241	0. 62	12622	0. 52
15	51360	0. 99	12655	0. 53
16	41152	0. 80	18358	0. 76
17	635006	12. 27	163203	6. 79
合计	5174207	100. 00	2404261	100. 00

资料来源：笔者根据 CEPII-BACI 65 个出口国或地区和 96 个进口国或地区贸易数据计算。

本章小结

本章主要揭示了全球金融发展与出口贸易发展的特征。通过分析得出以下几点结论：

（1）全球金融发展迅速，收入水平不同的国家或地区间金融发展存在差异。金融资产总量迅速增加，金融资产结构发生变化，表现为证券资产比重增加，债券资产比重降低。全球金融发展呈现金融全球化、金融管制放松化、金融监管国际化、金融创新化、银行经营国际化、银行资本集中化的趋势。收入水平不同的国家或地区间金融发展差异主要体现在金融资产总量、证券市场发展状况以及金融深化程度等方面。

（2）除个别年份外，1995~2013 年世界出口贸易持续增加。金融发展水平高的国家或地区出口总量高于金融发展水平低的国家或地区。

（3）采用 Hummels 和 Klenow（2005）的方法，将跨国双边贸易分解为扩展边际、数量边际和价格边际，研究得出进口市场相对集中，相对贸易份额高的国家或地区其市场出口扩展边际和数量边际较大；扩展边际和数量边际随相对贸易份额减少而呈下降趋势，数量边际下降幅度明显；发达国家或地区出口价格边际较高，价格边际随相对贸易份额呈波动趋势。金融发展水平高的国家或地区出口扩展边际和价格边际均高于金融发展水平低的国家或地区，金融发展水平低的国家或地区数量边际高于金融发展水平高的国家或地区。

（4）全球主要经济体出口目标市场数量较多，金融发展水平高的国家出口目标市场数量多于金融发展水平低的国家或地区。除 2009 年外，1995~2013 年出口目标市场数量均值逐年递增，但是金融发展水平低的国家或地区出口目标市场数量均值增加的幅度快于金融发展水平低的国家或地区。

（5）全球出口贸易关系持续时间较短，且金融发展水平高的国家或地区出口贸易关系持续时间比金融发展水平低的国家或地区长。采用 1995~2011 年可获得金融发展水平数据的65个国家或地区的出口数据，计算得出出口贸易关系平均持续时间是2.88年，有60.36%的出口贸易关系只能维持1年，有71.16%的贸易关系持续时间不超过2年。金融发展水平高的国家或地区出口贸易关系持续时间均值是4.16年，高于金融发展水平低的国家或地区的3.15年。金融发达的国家或地区有58.24%的贸易关系可以持续1年，低于金融发展水平低的国家或地区的64.43%。金融发达的国家或地区有68.65%的贸易关系持续时间不超过2年，低于金融发展水平低的国家或地区的75.96%。

第四章　金融发展、融资约束对出口贸易影响的理论分析

当前，大量文献关注金融发展、融资约束对出口二元边际的影响，本书从三方面拓展金融发展、融资约束对出口二元边际的研究：第一，将二元边际的研究拓展到三元边际；第二，如果以出口国或地区数量来反映出口二元边际的话，需要进一步研究企业是如何选择出口目的地市场的，以及金融发展是否会影响出口目的地市场的选择；第三，集约边际反映持续出口的国家或地区、产品的种类和企业的出口量，本书进一步分析出口究竟能持续多长时间，出口持续时间是否受金融发展水平的影响。本章从金融体系的融资功能视角分析金融发展对出口贸易三元边际、出口目标市场选择和出口贸易关系持续时间的影响机制。然而，目前尚没有统一的理论框架研究金融发展对集约边际、数量边际和价格边际的影响。为此，本章第一节分析金融发展在缓解企业融资约束方面的作用；第二节、第三节借鉴 Manova（2008）、Fan 等（2015）的模型分析金融发展对出口三元边际影响的理论机制；第四节借鉴 Chan 和 Manova（2015）的模型分析金融发展对出口目标市场选择的影响机制；第五节借鉴吴晓怡和邵军（2014）拓展 Esteve-Pérez 等（2011）的模型分析金融发展对出口贸易关系持续时间的影响机制。这些模型均是从企业融资约束缓解的角度分析的。本章第二节至第五节的分析分别为本书第五章、第六章、第七章的实证研究奠定了理论基础。

第一节　金融发展对企业融资约束的缓解作用

国际贸易有其特有的风险和成本，出口企业单靠内部融资无法满足其出口融资需求，完善的金融市场有助于企业获得外部资金支持，降低企业内部资金依赖性，缓解企业融资压力。金融发展主要通过以下三种途径缓解企业融资约束：

第一，减少信息不对称和逆向选择问题。如果金融市场是完善的，那么为企业提供融资的金融机构可以通过各种途径充分了解企业信息。然而，现实中金融市场是不完善的，不完善的金融市场导致出口企业和金融机构间信息不对称，这种信息不对称进一步导致信贷市场逆向选择问题。金融机构不愿意提供贷款，企业即使有充足的资产可以抵押也难以获得贷款为其出口固定成本融资，进而影响企业出口。而金融发展会使金融体系更加发达，发达的金融体系可以为金融机构提供更完善的信息，帮助其决策，减缓信息不对称和逆向选择问题。

第二，优化资金配置。资金配置是金融体系的基本功能之一，金融体系可以通过居民存款和各种形式的投资吸收居民和企业暂时闲置的资金，并以贷款的形式将资金转移到急需资金和投资回报率高的企业。发达的金融体系可以更有效地配置资金，提高资金配置效率。

第三，动员储蓄。金融体系可以通过其分布广泛的网点聚集社会闲散资金，实现资金跨部门、跨时间转移。在发达的金融体系中，金融机构的营业网点较多、分布较合理、运行效率较高、动员储蓄的能力较强。

第二节　金融发展、融资约束对出口集约边际和扩展边际的影响

Melitz（2003）的模型潜在假定金融市场是完善的，不存在信息不对称和逆

向选择问题，企业能以市场利率在完全竞争的借贷市场上获得融资。然而，现实中的金融市场是不完善的，存在信息不对称和逆向选择问题，资金持有者不一定愿意向企业提供贷款，企业融资需求难以得到满足，面临融资约束问题。Manova（2013）将融资约束引入 Melitz（2003）的模型，建立了存在国家间金融发展差异和产业间融资依赖性差异的异质性企业贸易模型，本书基于该模型分析研究金融发展、融资约束对企业出口的影响机制。

一、基本设定

假设世界上存在 N 个国家、S 个部门，每个国家和部门内存在生产差异产品的连续性异质性企业。

二、消费者行为

进口国 m 的效用函数为：$U_m = \prod_s C_{ms}^{\theta_s}$，式中，进口国 m 代表性消费者效用函数为 $C_{ms} = \left[\int_{\omega \in \Omega_{ms}} q_{ms}(\omega)^{\rho} d\omega\right]^{\frac{1}{\rho}}$，其中，$q_{ms}(\omega)$ 表示商品种类 ω 的消费量；Ω_{ms} 表示进口国消费者消费商品种类的集合；θ_s 表示消费者在 s 产业产品中的支出份额；$\sum \theta_s = 1$，$0 < \theta_s < 1$。商品间的常替代弹性是 $\varepsilon = \frac{1}{(1-\rho)} > 1$，$0 < \rho < 1$。

若以 p_{ms} 表示产品品种 ω 的价格，以 Y_m 表示进口国 m 的全部支出，以 P_{ms} 表示价格指数，则部门 s 内商品种类 ω 的需求函数为 $q_{ms}(\omega) = \frac{p_{ms}(\omega)^{-\varepsilon}\theta_s Y_m}{P_{ms}^{1-\varepsilon}}$，价格指数为 $P_{ms} = \left[\int_{\omega \in \Omega_{ms}} p_{ms}(\omega)^{-\varepsilon} d\omega\right]^{\frac{1}{1-\varepsilon}}$。

三、生产者行为

为了进入 s 产业，出口国 j 企业需要支付沉没成本 $c_{js}f_{ej}$，企业生产的边际成本为 $c_{js}a$，企业生产率水平为 $\frac{1}{a}$，企业生产率服从累积分布函数 $G(a)$，$a \in$

(a_L, a_H)，$a_H > a_L > 0$，企业生产率水平决定了生产与贸易行为。

为了出口，企业必须在出口目的地市场建立销售网络，调整产品以适应进口国消费者需求，支付运输成本，这些都需要企业进行投资。$c_{js}f_{jm}$ 和冰山成本$\tau_{jm} > 1$ 分别代表企业出口到目的地 m 需要支付的固定成本和可变成本。企业出口占用的资金量大，且出口固定成本和可变成本需要在企业出口前一次性投入，企业生产经营中产生的营业现金和留存收益难以满足出口资金需求，需要通过资本市场进行融资。假定企业只为出口固定成本融资，以 $d_s \in (0, 1)$ 表示出口固定成本中外源融资的比例，则企业外部融资额为 $d_s c_{js} f_{jm}$。

出口企业通过抵押资产在借贷市场上进行融资。期初，投资机构根据相关信息决定是否向出口企业贷款。如果贷款，出口企业（债务人）和投资机构（债权人）约定贷款金额和抵押资产数额。期末，债务人清偿债务。以 t_s 来表示用于抵押的有形资产的比例，由于技术原因，外源融资比例 d_s 和可抵押的有形资产占全部资产的比例 t_s 因产业不同而有所差异，相同产业内不同企业外源融资比例 d_s 和可抵押的有形资产占全部资产的比例 t_s 相同，d_s 较高而 t_s 较低的行业融资依赖性强。

借贷市场上存在违约风险。以 λ_j 表示出口企业履行借贷合同偿还借款的概率，$\lambda_j \in (0, 1)$，借款企业获得合同约定本息 $F(a)$。那么出口企业违约的概率为$(1 - \lambda_j)$，此时借款企业获得出口企业抵押的资产 $t_s c_{js} f_{ej}$。借贷合同履行的概率在国家间存在差异，金融发达国家借贷合同执行的概率高。因此，参数λ_j 可以反映出口国金融发展水平。

出口企业选择最优价格 p_{jms}、出口数量 q_{jms} 以及出口企业给投资者的借贷合同以实现利润最大化。以 $A_{jms}(a)$ 代表贷款人的净收益，以 $B_{jms}(a)$ 代表借款人的净收益。出口企业最大化问题可以表达为：

$$\underset{TP,\ p,\ q,\ F}{\mathrm{Max}}\ \pi_{jms}(a) = p_{jms}(a)q_{jms}(a) - q_{jms}(a)\tau_{jm}c_{js}a - (1 - d_s)c_{js}f_{jm} - \lambda_j F(a) - (1 - \lambda_j)t_s c_{js} f_{ej}$$

$$\text{s. t：(i)}\ q_{jms(a)} = \frac{p_{jms}(a)^{-\varepsilon}\theta_s Y_m}{P_{ms}^{1-\varepsilon}} \qquad (4-1)$$

(ii) $A_{jms}(a) \equiv p_{jms}(a)q_{jms}(a) - q_{jms}(a)\tau_{jm}c_{js}a - (1-d_s)c_{js}f_{jm} \geqslant F(a)t_s c_{js}f_{ej}$

(iii) $B_{jms}(a) \equiv -d_s c_{js}f_{jm} + \lambda_j F(a) + (1-\lambda_j)t_s c_{js}f_{ej} \geqslant 0$

式（4-1）中的条件（i）意味着企业的产品等于市场需求量；条件（ii）意味着企业最多能将全部净收益偿还给借款人；条件（iii）意味着投资企业最多能将全部净收益借给借款企业。当不考虑融资约束时，企业在条件（i）约束下可以实现利润最大化。当存在融资约束时，企业在条件（i）~条件（iii）约束下可以实现利润最大化。

在完全竞争的借贷市场中，企业可以调整期末借款偿还金额 $F(a)$ 以满足偿还借款要求，市场竞争使得企业不存在融资约束。如果企业不存在融资约束，最优出口价格、数量、收益和利润同 Melitz 提出的异质性企业贸易模型。

$$p_{jms}(a) = \frac{\tau_{jm}c_{js}a}{\alpha} \tag{4-2}$$

$$q_{jms}(a) = \left(\frac{\tau_{jm}c_{js}a}{\rho}\right)^{-\varepsilon}\frac{\theta_s Y_m}{p_{js}^{1-\varepsilon}} \tag{4-3}$$

$$r_{jms}(a) = \left(\frac{\tau_{jm}c_{js}a}{\rho}\right)^{1-\varepsilon}\theta_s Y_m \tag{4-4}$$

$$\pi_{jms}(a) = (1-\rho)\left(\frac{\tau_{jm}c_{js}a}{\rho}\right)^{1-\varepsilon}\theta_s Y_m - C_{js}f_{jm} \tag{4-5}$$

四、金融发展、融资约束与出口扩展边际

借贷市场均衡要求 $B_{jms}(a)=0$，把最优价格式(4 - 2) 和最优数量式(4 - 3) 代入式(4 - 1) 的条件(ii) 中，存在流动性约束的企业出口生产率分界点由式(4 - 6) 决定。

$$r_{jms}(a_{jms}) = \left(\frac{\tau_{jm}c_{jm}a_{jms}}{\rho P_{js}}\right)^{1-\varepsilon}\theta_j Y_m = \varepsilon\left\{\left(1 - d_s + \frac{d_s}{\lambda_j}\right)c_{js}f_{jm} - \frac{1-\lambda_j}{\lambda_j}t_s c_{js}f_{ej}\right\} \tag{4-6}$$

如果借贷合同能被完全执行为（$\lambda_j=1$），企业出口生产率分界点为$\left(\frac{1}{a_{jms}^*}\right)$，出口收益为 $r_{jms}(a_{jms}^*) = \varepsilon c_{js}f_{jm}$。由于出口收益随企业生产率而提高，生产率低于

出口生产率分界点$\left(\frac{1}{a_{jms}^*}\right)$的企业因从出口中获得的收益不足以支付出口固定成本而无法从事出口贸易。

如果借贷合同不能被完全执行为（$\lambda_j<1$），出口生产率分界点为$\left(\frac{1}{a_{jms}}\right)$。当企业融资需求超过可抵押的资产 $d_s c_{js} f_{ij} > t_s c_{js} f_{ej}$ 时，企业面临融资约束。此时$\frac{1}{a_{jms}} > \frac{1}{a_{jms}^*}$，即面临融资约束的企业的出口生产率分界点高于不考虑融资约束情况下出口生产率分界点。虽然生产率高于出口生产率分界点$\left(\frac{1}{a_{jms}^*}\right)$的企业可以获得正利润，但是只有生产率水平高于$\left(\frac{1}{a_{jms}}\right)$的企业才可以获得外部融资并将产品出口到国外市场。相同产业的出口企业融资需求相同，可抵押资产占全部资产的比例相同，但生产率高的企业获得的收益高，可以实现高利润以偿还投资人的借款。生产率低的企业难以实现高销售收入，即使将获得的净利润全部用于偿还借款也难清偿债务。由此，金融摩擦的存在限制了企业出口。

出口生产率分界点因国家和产业融资依赖性存在系统差异：

由式（4-6）可以求出：

$$\frac{\partial\left(\frac{1}{a_{jms}}\right)}{\partial \lambda_j} = \frac{\varepsilon(\tau_{jm} c_{jm} f_{ej} - d_s c_{js} f_{jm})}{\lambda_j^2} < 0 \tag{4-7}$$

$$\frac{\partial\left(\frac{1}{a_{jms}}\right)}{\partial d_s} = \frac{\varepsilon(1 - \lambda_j)}{\lambda_j^2} c_{js} f_{jm} > 0 \tag{4-8}$$

$$\frac{\partial\left(\frac{1}{a_{jms}}\right)}{\partial t_s} = -\frac{\varepsilon}{\lambda_j^2} c_{js} f_{ej} < 0 \tag{4-9}$$

$$\frac{\partial^2\left(\frac{1}{a_{jms}}\right)}{\partial \lambda_j \partial d_s} = -\frac{\varepsilon}{\lambda_j^2} c_{js} f_{jm} < 0 \tag{4-10}$$

$$\frac{\partial^2\left(\frac{1}{a_{jms}}\right)}{\partial\lambda_j\partial t_s}=\frac{\varepsilon}{\lambda_j^2}c_{js}f_{ej}>0 \tag{4-11}$$

命题 4-1：（生产率分界点）其他因素不变，金融发达国家的出口生产率分界点更低，融资依赖部门比非融资依赖部门的出口生产率分界点高。金融发展降低了出口生产率分界点，金融发展对融资依赖部门出口生产率分界点的降低作用更大。

不同国家的金融发展水平不同，金融发展水平高的国家借贷合同被偿还的概率（λ_j）高。当借贷合同被偿还的概率（λ_j）高时，投资者愿意提供借款。当出口固定成本融资中的外源融资比例（d_s）低于可抵押的有形资产与全部资产的比例（t_s）时，投资者愿意提供借款。当借款合同被偿还的概率（λ_j）低时，贷款人对贷款金额和抵押资产更敏感。因此，与金融不发达的国家相比，金融发达国家的融资依赖部门更容易出口。

当至少有一个企业生产率水平高于出口生产率分界点$\left(\frac{1}{a_{jms}}\right)$时，一国出口贸易发生。由于企业生产差异化产品，出口生产率的临界值越低，出口企业数量越多，出口产品种类越丰富。命题 4-1 意味着金融发展既影响国家出口可能性也影响国家出口产品种类，以 σ_{jms} 表示双边贸易出口概率，以 I_{jms} 表示双边贸易出口产品种类。则有：

推论 4-1：（出口概率）金融发展可以提高出口国 j 向进口国 m 出口的概率。与融资依赖程度低的行业相比，金融发展对出口国 j 向进口国 m 出口概率的提升作用在融资依赖程度高的行业更大。即：

$$\frac{\partial\sigma_{jms}}{\partial\lambda_j}>0;\ \frac{\partial^2\sigma_{jms}}{\partial\lambda_j\partial d_s}>0;\ \frac{\partial^2\sigma_{jms}}{\partial\lambda_j\partial t_s}<0 \tag{4-12}$$

推论 4-2：（出口产品种类）金融发展可以增加出口国 j 向进口国 m 出口产品种类。与融资依赖程度低的行业相比，金融发展对出口国 j 向进口国 m 出口产品种类的增加作用在融资依赖程度高的行业更大①。即：

---

① Manova（2008）模型同时研究了金融发展对出口目的地数量的影响及其行业差异性，为了分析逻辑更合理，本书放在本章第四节中进行描述。

$$\frac{\partial I_{jms}}{\partial \lambda_j} > 0；\frac{\partial^2 I_{jms}}{\partial \lambda_j \partial d_s} > 0；\frac{\partial^2 I_{jms}}{\partial \lambda_j \partial t_s} < 0 \tag{4-13}$$

五、金融发展、融资约束对出口集约边际的影响分析

（一）金融发展、融资约束对企业出口水平的影响

如果企业同时进行固定成本和可变成本融资，融资约束会影响企业出口水平。以 d_s 表示企业固定成本和可变成本中外源融资的比例；以两个出口生产率分界点$\left(\frac{1}{a_{jms}^L}, \frac{1}{a_{jms}^H}\right)$来反映企业出口行为。所有生产率高于较低出口生产率分界点$\left(\frac{1}{a_{jms}^L}\right)$的企业均可以出口，但是只有出口生产率分解点高于$\frac{1}{a_{jms}^H} > \frac{1}{a_{jms}^L}$的企业可以按照不存在融资约束时的出口价格和数量出口商品。为了降低为可变成本融资量，企业生产率居于出口生产率分界点中间的企业，即$\frac{1}{a_{jms}} \in \left(\frac{1}{a_{jms}^L}, \frac{1}{a_{jms}^H}\right)$，可以出口较少量的商品以获得出口利润。如果这些企业按最优水平出口商品，将无法偿还借款。企业生产率低于出口分界点$\left(\frac{1}{a_{jms}^L}\right)$的企业不能出口。

金融发达的国家融资依赖部门企业出口条件更好：①有更多的企业成为出口企业。②有更多的出口企业处于最优出口水平。③生产率水平居中的企业，即$\frac{1}{a_{jms}} \in \left(\frac{1}{a_{jms}^L}, \frac{1}{a_{jms}^H}\right)$出口收益更接近最优状态。

以 r_{jms} 代表企业出口量有：

命题 4-2：（企业出口水平）与融资依赖程度低的部门相比，融资依赖程度高的部门金融发展对企业出口贸易量的提升作用更大。即：

$$\frac{\partial r_{jms}}{\partial \lambda_j} > 0；\frac{\partial^2 r_{jms}}{\partial \lambda_j \partial d_s} > 0；\frac{\partial^2 r_{jms}}{\partial \lambda_j \partial t_s} < 0 \tag{4-14}$$

（二）金融发展、融资约束对国家出口水平的影响

对出口国所有企业的出口量进行加总，以 V_{ijs} 表示 s 部门出口国 j 的出口量，

N_{js} 表示出口国 j 在 s 行业中出口企业的数量。

$$V_{jms}=\left(\frac{(\tau_{jm}c_{jm})}{(\rho P_{jms})}\right)^{1-\varepsilon}\theta_s Y_m N_{js}\left[\int_{a_L}^{a_{jms}^H}a^{1-\varepsilon}dG(a)+\int_{a_{jms}^H}^{a_{jms}^L}\beta_{jms}(a)a^{1-\varepsilon}dG(a)\right] \tag{4-15}$$

由命题4-1和命题4-2可知，金融发达的国家在融资依赖行业有出口比较优势。

命题4-3：（出口贸易流量）金融发展提升出口量，且金融发展对融资依赖行业出口量的提升作用更大。即：

$$\frac{\partial V_{jms}}{\partial \lambda_j}>0;\ \frac{\partial^2 V_{jms}}{\partial \lambda_j \partial d_s}>0;\ \frac{\partial^2 V_{jms}}{\partial \lambda_j \partial t_s}<0 \tag{4-16}$$

第三节　金融发展、融资约束对出口产品价格的影响

Fan 等（2015）在 Melitz（2003）模型的基本框架下研究了存在融资约束企业的内生质量选择问题。本节基于 Fan 等（2015）的模型分析金融发展、融资约束对出口产品价格的影响机制。

一、消费者行为

以 j 代表出口国，以 m 代表进口国，其中，j，$m\in 1$，…，N，假定进口国 m 代表性消费者效用函数为：

$$U_m=\left(\int_{\omega\in\Omega_j}[q_{jm}(\omega)x_{jm}(\omega)]^{\frac{\sigma-1}{\sigma}}d\omega\right)^{\frac{\sigma-1}{\sigma}} \tag{4-17}$$

式（4-17）中，ω 表示消费产品种类，Ω_m 表示进口国 m 消费者消费商品种类集，不同国家消费商品种类是不同的。q_{jm}（ω）表示出口国 j 向进口国 m 出口消费产品种类 ω 的质量，x_{jm}（ω）表示出口国 j 向进口国 m 出口消费产品种类 ω 的需求量，σ 表示产品种类间的替代弹性，$\sigma>1$。

由消费者最优化问题求出种类 ω 需求量为：

$$x_{jm}(\omega)=[q_{jm}(\omega)]^{\sigma-1}\frac{[p_{jm}(\omega)]^{-\sigma}}{P_m^{1-\sigma}}Y_m \tag{4-18}$$

式（4-18）中，$p_{jm}(\omega)$ 表示出口国 j 向进口国 m 出口的产品种类 ω 的价格，P_m 表示出口价格指数，Y_m 表示进口国 m 消费所有种类商品的全部支出。

二、生产者行为

假定出口国企业生产差异性产品，投入要素只有劳动。出口企业成本函数反应生产技术水平，贸易成本以冰山成本 τ_{jm} 来表示，运输到目的地1单位的商品，出口商品数量应该大于等于1，即 $\tau_{jm} \geqslant 1$。如果商品在本国销售，则 $\tau_{jj}=0$。出口国工资率标准化为1。

企业生产高质量的产品需要高边际成本投入。与 Verhoogen（2008）和 Johnson 等（2012）一样，假定产品质量与出口边际成本正相关。具体地，假定生产边际成本为 $\frac{q^{\alpha}}{a}$，其中 α 反映边际成本对质量的弹性且 $\alpha \in (0, 1)$，a 为企业生产率。

企业生产产品不仅需要支付可变成本，还需要支付固定成本。假定企业出口的固定成本是 $fq^{\beta}(\beta > 0)$，其中，f 是常数，$\frac{1}{\beta}$ 反映提高出口产品质量进行固定成本投资的有效性。固定成本反映为了提高出口产品质量而进行生产和出口环节的固定成本（例如，采用高质量的中间投入品；为了提高产品质量而进行的研发支出；为了提高产品质量而将海洋运输改为航空运输的支出）。

企业生产和出口产品产生的留存收益难以满足企业资金需求，面临融资约束问题。企业需要为固定成本和可变成本融资，假定企业的可变成本可以通过内部融资来实现，部分固定成本可以通过资本市场进行融资。d 表示固定成本中外源融资的比例，$d \in (0, 1)$。d 是企业融资需求参数，企业融资需求越高，d 的取值越大。企业从外部资本市场获得的融资需要用出口产生的营业现金及其他资产偿还，且受到金融发展水平的影响。假定企业外部融资额与出口产生的现金流之比为 θ，θ 值越大，企业通过外部融资获得的资金越多。因此，θ 被称为企业信贷渠道（Credit Access），可以反映金融发展水平。信贷需求 d 越大，信贷渠道 θ 越小，表明信贷约束越紧。

由此，生产率水平为 a、信贷需求为 d 和信贷渠道为 θ 的异质性出口企业利润最大化问题为：

$$\underset{pq\alpha}{\mathrm{Max}}\left(p-\frac{\tau q^{\alpha}}{a}\right)q^{\sigma-1}\frac{p^{-\sigma}}{p^{1-\sigma}}Y-fq^{\beta} \tag{4-19}$$

$$\text{s. t.}:\ \theta\left[\left(p-\frac{\tau q^{\alpha}}{a}\right)q^{\sigma-1}\frac{p^{-\sigma}}{p^{1-\sigma}}Y-(1-d)fq^{\beta}\right]\geqslant dfq^{\beta} \tag{4-20}$$

方程（4-20）是现金约束条件。企业选择出口价格和出口产品质量以实现利润最大化。

$$p=\frac{\sigma}{\sigma-1}\frac{\tau q^{\alpha}}{a} \tag{4-21}$$

$$q^{\sigma-1}\frac{p^{-\sigma}}{P^{1-\sigma}}Y=\frac{\sigma\beta}{(1-\alpha)(\sigma-1)}\left(1+d\frac{(1-\theta)\lambda}{\theta(1+\lambda)}\right)fq^{\beta} \tag{4-22}$$

式（4-22）中的 λ 是拉格朗日乘子，由式（4-19）~式（4-21）得出：

$$\frac{\beta}{(1-\alpha)(\sigma-1)}\left(1+d\frac{(1-\theta)\lambda}{1+\theta\lambda}\right)\geqslant 1-d+\frac{d}{\theta} \tag{4-23}$$

式（4-23）中，假定 $\lambda=0$，令 $\theta_h=\dfrac{d(\sigma-1)(1-\alpha)}{\beta-(1-d)(\sigma-1)(1-\alpha)}$，当且仅当 $\theta<\theta_h$ 成立时，约束条件式（4-20）是紧集，即存在融资约束。当 $\theta>\theta_h$ 时，约束条件不是紧集，企业有充足融资途径获得外部融资。由于本书关注金融发展、融资约束对出口产品质量的影响，所以只考虑存在融资约束的情况。

当 $\theta<\theta_h$ 时，由式（4-20）和式（4-22）得出：

$$q^{\beta-(1-\alpha)(\sigma-1)}=\left(\frac{1}{\left(1-d+\frac{d}{\theta}\right)\sigma f}\right)\left(\frac{\sigma}{\sigma-1}\frac{\tau}{a}\right)^{1-\sigma}\frac{Y}{P^{1-\sigma}} \tag{4-24}$$

定义条件（i）：$\beta>(1-\alpha)(\sigma-1)$。该条件意味着 β 不太小，如果 β 太小则意味着企业无须提高太多固定成本就可以提高出口产品质量，此时企业将会选择无限高的质量。本条件保证存在最优质量。

由式（4-20）和式（4-24）得出：

$$p=\left(\frac{1}{\left(1-d+\frac{d}{\theta}\right)\sigma f}\right)^{\psi}\left(\frac{\sigma}{\sigma-1}\frac{\tau}{a}\right)^{1+(1-\sigma)\psi}\left(\frac{Y}{P^{1-\sigma}}\right)^{\psi} \tag{4-25}$$

式（4-25）中 $\psi=\dfrac{\alpha}{\beta-(1-\alpha)(\sigma-1)}$

定义条件（ii）：$\beta<(\sigma-1)$。该条件意味着 β 不太大。β 反映调整质量带来的固定成本对质量的弹性，β 大意味着较小幅度的产品质量调整将导致固定成本的大幅提高，因此企业调整产品质量困难。很大的 β 意味着企业不能弹性地选择出口产品质量。

当条件（i）和条件（ii）同时成立，即 β 满足 $\frac{1}{\beta}>\frac{1}{\sigma-1}>\frac{1-\alpha}{\beta}$ 条件时，由式（4-24）可知，保持企业生产率水平不变，融资渠道较少（θ 值较低），融资需求较高（d 值较高）时，出口价格低。这意味着如果条件（i）和条件（ii）同时满足，面临融资约束的企业由于选择了出口低质量的产品而以低价出口商品。金融发展有利于缓解企业融资约束，提高出口产品质量，使企业以更高的价格出口更高质量的产品。Ge 等（2012）、Manova 和 Zhang（2011）等研究产品质量的实证文献表明此参数设定是合理的。由此得出如下命题和推论：

命题 4-4：对特定生产率的出口企业，由较低的融资渠道（θ 值较低）和较高的融资需求（d 值较高）导致的融资约束降低了出口产品价格。

推论 4-3：金融发展可以缓解企业融资约束，使企业以更高的价格出口高质量的产品。

第四节　金融发展、融资约束对出口目标市场选择的影响

Eaton 等（2011）考虑进口国市场进入成本和消费者需求异质性以来，出口市场异质性特征受到关注。Chan 和 Manova（2015）考虑了出口目标市场异质性，

拓展了 Manova（2008）的模型，研究金融发展对出口贸易伙伴选择的影响。本节基于 Chan 和 Manova（2015）的模型分析金融发展对出口目标市场选择的影响机制。

一、基本假定

Chan 和 Manova（2015）的基本假定与 Manova（2008）相同，已在第四章第一节第一部分中进行了描述，在此不再赘述。

二、企业出口行为

关于企业出口行为、企业融资行为的分析同第四章第二节描述的 Manova（2013）的模型，出口企业沉没成本、边际成本、固定成本、可变成本，生产率，固定资本中外部融资的比例，抵押的有形资产占全部资产的比例、借款合同被执行的概率、借款人净收益、贷款人净收益代表的字母均与前文一致。

Chan 和 Manova（2015）与 Manova（2008）的模型最主要的区别在于 Manova（2008）出口目的地市场是同质的，Chan 和 Manova（2015）则考虑了出口目的地市场异质性特征。由此，企业利润最大化问题是存在差异的。

以 $TP(a)$ 表示生产率为$\frac{1}{a}$的企业的出口目的地。企业利润最大化问题可以表达为：

$$\operatorname*{Max}_{TP,\ p,\ q,\ F} \pi_{js}(a) = \sum_{j \in TP(a)} \{p_{jms}(a)q_{jms}(a) - q_{jms}(a)\tau_{jm}c_{js}a - (1-d_s)c_{js}f_{jm}\} - \lambda_j F_{js}(a) - (1-\lambda_j)t_s c_{js} f_{ej}\}$$

$$\text{s.t.:}\ (\text{i})\, q_{jms(a)} = \frac{p_{jms}(a)^{-\varepsilon}\theta_s Y_m}{P_{ms}^{1-\varepsilon}}$$

$$(\text{ii})\, A_{js}(a) \equiv \sum_{m \in TP(a)} \{p_{jms}(a)q_{jms}(a) - q_{jms}(a)\tau_{jm}c_{js}a - (1-d_s)c_{js}f_{jm}\} \geq F_{js}(a)$$

$$(\text{iii})\, B_{js}(a) \equiv -\sum_{m \in TP(a)} d_s c_{js} f_{ij} + \lambda_j F_{js}(a) + (1-\lambda_j)t_s c_{js} f_{ej} \geq 0 \tag{4-26}$$

期末，贷款企业必须偿还贷款，企业最多能将全部净收益偿还贷款，即

A_{js}（a）$\geqslant F_{js}$（a）；借款人只有保证有净收益才愿意贷款给出口企业，即 B_{js}（a）$\geqslant 0$。

在完全竞争的借贷市场上，出口企业不断调整借贷合同执行时需要付给投资者的资金 F_{js}（a）以使投资者愿意贷款，当 B_{js}（a）$=0$，即借贷市场达到均衡时，出口企业获得贷款。由此，式（4-26）变为：

$$\underset{TP,\ p,\ q,\ F}{\mathrm{Max}}\ \pi_{js}(a)=\sum_{m\in TP(a)}\{p_{jms}(a)q_{jms}(a)-q_{jms}(a)\tau_{jm}c_{js}a-c_{js}f_{jm}\}=\sum_{m\in TP(a)}\pi_{jms}(a)$$

$$\text{s. t.}:\ (\mathrm{i})\,q_{jms(a)}=\frac{p_{jms}(a)^{-\varepsilon}\theta_s Y_m}{P_{ms}^{1-\varepsilon}}$$

$$(\mathrm{ii})\,A_{js}(a)\geqslant\frac{1}{\lambda_j}\{\sum_{m\in TP(a)}d_s c_{js}f_{jm}-(1-\lambda_j)t_s c_{js}f_{ej}\}\geqslant F_{js}(a) \tag{4-27}$$

融合需求条件（i）有：

$$\underset{TP,\ p,\ q}{\mathrm{Max}}\ \pi_{js}(a)=\sum_{m\in TP(a)}\{(1-\rho)(\frac{\tau_{jm}c_{js}a}{\alpha P_{ms}})^{1-\varepsilon}\theta_s Y_m-c_{js}f_{jm}\}=\sum_{m\in TP(a)}\pi_{jms}(a)$$

$$\text{s. t.}:\ \sum_{m\in TP(a)}\{(1-\rho)(\frac{\tau_{ij}c_{is}a}{\rho P_{js}})^{1-\varepsilon}\theta_s Y_j-c_{is}f_{ij}\}\geqslant\frac{1-\lambda_i}{\lambda_i}\{\sum_{m\in TP(a)}d_s c_{is}f_{ij}-t_s c_{js}f_{ej}\} \tag{4-28}$$

三、出口目标市场选择

由式（4-28）可知，企业出口到不同目的地市场可获得的利润不同，出口到市场规模大、贸易成本低的目的地可获得的利润高。用市场潜力（Market Potential）$MP_{jms}=Y_j/(\tau_{jm}f_{jm})$ 综合反映出口国 j 出口到目的地 m 的 s 产业市场规模和贸易成本，出口企业按照由出口利润决定的市场潜力对目的地市场进行排序，优先选择市场潜力大的出口目标市场。

当借贷合同被完全执行时（$\lambda_j=1$），企业可以出口到所有盈利的市场。存在企业出口生产率分界点，在该点企业出口获得的利润刚好为零。市场潜力大于出口分界点的最优出口目的地集记为 $TP^{FB}(a)$，出口目的地的数量记为 $NuTP^{FB}(a)$；当金融合同不能被完全执行时（$\lambda_j<1$），企业必须从最优出口目的

地集 $TP^{FB}(a)$ 中剔除部分出口目的地，因为企业出口目的地数量增加带来利润的同时也不可避免地增加了前期出口固定成本投入。企业为这些固定成本融资需要抵押资产，企业可抵押资产数量限制了其获得贷款的量。企业按照可获得利润的大小顺序增加出口目的地，直到其耗尽所有可抵押的资产。企业最优出口目的地需满足以下条件：

$$\sum_{m \in TP^*(a)} \pi_{jms}(a) \geqslant \frac{1-\lambda_j}{\lambda_j}\left\{\sum_{m \in TP(a)} d_s c_{js} f_{jm} - t_s c_{js} f_{ej}\right\}$$

$$\sum_{m \in TP^*(a)+1} \pi_{jms}(a) < \frac{1-\lambda_j}{\lambda_j}\left\{\sum_{m \in TP(a)} d_s c_{js} f_{jm} - t_s c_{js} f_{ej}\right\} \tag{4-29}$$

式（4-29）中，$TP^*(a)+1$ 表示最优出口目的地的数量 $TP^*(a)$ 再加上按照目的地排序的下一个出口目的地。

通过构建，$NuTP^*(a) \leqslant NuTP^{FB}(a)$ 必须成立，当 $\sum_{m \in TP^{FB}(a)+1} \pi_{jms}(a) < \frac{1-\lambda_j}{\lambda_j}\left\{\sum_{m \in TP^{FB}(a)} d_s c_{js} f_{jm} - t_s c_{js} f_{ej}\right\}$ 时，$NuTP^*(a)$ 将严格小于 $NuTP^{FB}(a)$，不等式左边随生产率水平而单调递增，右边却不变，因此，不等式左边越小越容易成立，这就意味着生产率高的企业可出口到出口生产率分界点排序更低的市场，即出口到更多的目的地市场。

假定只要有一个企业可以进入目的地 m，即认为国家 j 可以出口到国家 m，将所有企业出口目的地加总起来是国家总的出口目的地，取决于进口国在企业目的地阶层中的位置。

给定出口目的地数量，存在最低生产率水平，在该生产率水平上，企业可以维持贸易关系。出口生产率分界点由式（4-30）决定：

$$\sum_{m \in TP(a)} \left\{(1-\rho)\left(\frac{\tau_{jm} c_{js} a}{\rho P_{ms}}\right)^{1-\varepsilon} \theta_s Y_m - c_{js} f_{jm}\right\} = \frac{1-\lambda_j}{\lambda_j}\left\{\sum_{m \in TP(a)} d_s c_{js} f_{jm} - t_s c_{js} f_{ej}\right\} \tag{4-30}$$

对方程右边（RS）进行比较静态分析有：

$$\frac{\partial RS}{\partial \lambda_j} = -\frac{1}{\lambda_j^2}\left\{\sum_{m \in TP_{js}} d_s c_{js} f_{jm} - t_s c_{js} f_{ej}\right\} < 0 \tag{4-31}$$

$$\frac{\partial RS}{\partial d_s}=\frac{1-\lambda_j}{\lambda_j}\sum_{m\in TP_{js}}c_{js}f_{jm}>0;\ \frac{\partial RS}{\partial t_s}=-\frac{1-\lambda_j}{\lambda_j^2}\sum_{m\in TP_{js}}c_{js}j_{ej}<0 \tag{4-32}$$

$$\frac{\partial RS}{\partial\lambda_j\partial d_s}=-\frac{1}{\lambda_j^2}\sum_{m\in TP_{js}}c_{js}f_{jm}<0;\ \frac{\partial RS}{\partial\lambda_j\partial t_s}=\frac{1}{\lambda_j^2}\sum_{m\in TP_{js}}c_{is}j_{ej}>0 \tag{4-33}$$

方程左边随生产率水平增加而提高，因此有$\frac{\partial\left(\frac{1}{a_{TP_{js}}}\right)}{\partial\lambda_j}<0$，这表明企业出口生产率分界点随金融发展水平的提高而降低；$\frac{\partial^2\left(\frac{1}{a_{TP_{js}}}\right)}{\partial\lambda_j\partial d_s}<0$、$\frac{\partial^2\left(\frac{1}{a_{TP_{js}}}\right)}{\partial\lambda_j\partial t_s}>0$表明融资依赖行业企业出口生产率分解点随金融发展水平提高而降低的幅度更大。当企业生产率水平处于分解点，企业出口目的地数量刚好为 $NuTP^*$（a），企业出口到按市场潜力排序的第 $NuTP^*$（a）个国家。金融发展降低了出口生产率分界点，企业可以出口到按市场潜力排序更低的国家，出口市场数量增加。出口企业可以观察市场潜力决定的出口目的地次序，研究出口目的地市场潜力的最大值（$\mathrm{Max}_{m\in TP_{js}}MP_{jms}$）和最小值（$\mathrm{Min}_{m\in TP_{js}}MP_{jms}$）来研究金融发展对出口目标市场选择的影响。所有的国家均可以出口到市场潜力最大的国家，而金融发达的国家可以渗透到目的地市场潜力更低的国家。以上可以总结为以下命题：

命题 4-5：金融发展可以提高出口目的地数量，金融发展对出口目的地数量的影响效应在融资依赖部门比非融资依赖部门大。

$$\frac{\partial NuMP_{jms}}{\partial\lambda_j}>0,\ \frac{\partial^2 NuMP_{jms}}{\partial\lambda_j\partial d_s}>0,\ \frac{\partial^2 NuMP_{jms}}{\partial\lambda_j\partial t_s}<0 \tag{4-34}$$

命题 4-6：企业按由市场潜力决定的目的地排序来选择出口目的地，所有企业可以出口到最大潜力的目的地市场，金融发达的国家可以出口到排序更低的市场。这种影响在融资依赖部门更大。

$$\frac{\partial \mathrm{Max}_{m\in TP_{js}}MP_{jms}}{\partial\lambda_j}=\frac{\partial^2 \mathrm{Max}_{m\in TP_{js}}MP_{jms}}{\partial\lambda_j\partial d_s}=\frac{\partial^2 \mathrm{Max}_{m\in TP_{js}}MP_{jms}}{\partial\lambda_j\partial t_s}=0 \tag{4-35}$$

$$\frac{\partial \mathrm{Min}_{m\in TP_{js}}MP_{jms}}{\partial\lambda_j}<0,\ \frac{\partial^2 \mathrm{Min}_{m\in TP_{js}}MP_{jms}}{\partial\lambda_j\partial d_s}<0,\ \frac{\partial^2 \mathrm{Min}_{m\in TP_{js}}MP_{jms}}{\partial\lambda_j\partial t_s}>0 \tag{4-36}$$

第五节　金融发展、融资约束与出口贸易持续时间

新新贸易理论引入了融资约束对出口贸易影响理论模型，如 Chaney（2005）、Manova（2008）、Frennstra 等（2014），但是他们只考虑了当期出口成本与收益，一旦进入出口市场后出口往往不止一期，虽然强调了固定成本对出口贸易的影响，但没有考虑出口固定成本目标市场的差异性以及未来利润的不确定性。Esteve-Pérez 等（2011）研究了面临出口目的地特定的沉没成本和未来利润不确定性的异质性企业出口异质性市场决策问题。吴晓怡和邵军（2014）在 Esteve-Pérez 等（2011）的模型中引入融资约束变量，研究金融发展、融资约束对出口贸易关系持续时间的影响。本节借鉴吴晓怡和邵军（2014）的模型，分析金融发展对出口贸易关系持续时间的影响。

以π_{jmt}（Z_{jmt}，C_{jt}）表示 t 期出口企业 j 出口到目的地市场 m 的利润。当期利润是需求转移 Z_{jmt} 和边际成本 C_{jt} 的函数。需求转移 Z_{jmt} 包括第 t 期进入出口市场的企业层面的特征、出口相关产业特征和目的地市场特征。需求转移 Z_{jmt} 可以随时间推移而变化也可以不随时间变化。边际成本 C_{jt} 不受产出规模的影响。企业进入出口市场前需要投入前期固定成本，这些固定成本包括初次进入出口市场 m 的固定成本 F_{jm} 和向该市场持续出口每期都需要支付的固定成本 M_{jmt}。企业需要为这些固定成本融资，金融发展程度高的国家，其企业容易获得外部融资且融资成本较低。以 Fin_{jt} 反映外部融资状况，取值越大表示越受到外部融资约束，由此沉没成本为 $Fin_{jt}^{*}F_{jm}$ 及 $Fin_{jt}^{*}M_{jmt}$。

由于前期出口固定成本 F_{ij} 的存在，企业进入进口国市场初期即使亏损也有可能留在该市场，因为一旦离开，再次进入该市场需要再次支付进入该市场的固定成本。因此，企业面临的是动态最优化问题，每期期初，企业利用可以获得的信息进行进入新出口市场、留在已进入的出口市场还是退出已经进入的出口市场的决策。企业在决策时不仅需要考虑当期获得利润情况，也要考虑未来可获得利

润的情况。以 $y_{jmt}=(y_{j1t},\ y_{j2t},\ y_{j3t},\ \cdots,\ y_{jmt})$ 表示第 t 期出口企业是否出口到进口国市场($j=1,\ 2,\ \cdots,\ J$) 的向量，以 $y_{jmt}=1$ 表示出口国企业出口到进口国 m 市场，以 $y_{jmt}=0$ 表示出口国企业不出口到进口国 m 市场。

企业动态最优化问题是选择是否出口的向量 y_{jmt} 以满足以下贝尔曼方程：

$$V_{jt}=\underset{y_{ijm}}{\mathrm{Max}}\left\{\sum_{m=0}^{M}y_{jmt}\left[\pi_{jmt}(c_{jt},\ z_{jmt})-Fin_{jt}\times M_{jm}-Fin_{jt}\times F_{jm}\times(1-y_{jmt-1})\right]+\delta E_t(V_{jt+1}\mid y_{jmt})\right\}\tag{4-37}$$

式（4-37）中，δ 为贴现因子，E_t 表示期望值。

根据推导，当式（4-29）条件满足时，企业出口到出口市场 m。

$$\pi_{jm}(C_{jt},\ Z_{jmt})+\delta\{E_t(V_{jt+1}\mid y_{jmt}=1)-E_t(V_{jt+1}\mid y_{jmt}=0)\}\geqslant Fin\times F_{jm}(1-y_{jmt-1})+Fin\times M_{jm}\tag{4-38}$$

分析式（4-38）可知，对于从未出口到 m 市场的企业，当且仅当预期收益现值超过进入出口目的国市场前期投入固定成本加上每期固定成本与可变成本之和时，该企业可以进入出口市场 m。对于已经出口到 m 市场的企业，预期收益现值超过当期出口固定成本与可变成本之和，该企业可以继续出口到 m 市场。期望利润为负时，该企业退出 m 市场。期望利润中包括未来再次进入获得的预期利润和避免再次进入的前期投入成本。因此，由于前期投入成本的存在，企业一旦进入某出口市场出口持续时间增加。

金融发展可以改善企业融资环境，减缓融资中的信息不对称和逆向选择问题，降低融资成本，为企业融资提供便利，从而延长出口贸易关系持续时间。金融发展对出口持续时间的延长作用主要通过以下两条途径来实现：一是金融发展使企业为出口前期固定成本融资变得容易，降低了企业进入新出口市场的难度；二是降低了当期出口固定成本的融资难度，在其他因素不变的情况下，企业更容易获得外部融资，降低了企业退出出口市场的概率，从而延长了企业出口贸易关系持续时间。

命题 4-7：金融发展延长了出口贸易关系持续时间。

本章小结

本章从融资约束缓解角度分析金融发展对出口三元边际、出口目标市场选择和出口贸易关系持续时间的影响机制。

（1）发达的金融体系可以动员储蓄、优化资源配置、降低信息不对称和减缓逆向选择问题，缓解企业融资约束。

（2）借鉴 Manova（2008）的模型分析金融发展对出口集约边际和扩展边际的影响机制。企业需要为出口前期投入的固定成本融资，在金融发达的市场上借贷合同被执行的概率高，坏账风险低，出口企业更容易获得外部资金支持。金融发达的国家出口生产率分解点低，融资依赖部门比非融资依赖部门出口生产率分界点低；金融发展降低了出口生产率分解点，这种作用在融资依赖部门的效应更大。出口生产率分解点降低后，一部分原来只在国内市场上销售商品的企业成为出口企业，进入国际市场的企业数量增加。因此，金融发展提高了企业出口概率，这种影响效应在融资依赖部门更大；金融发展提高了出口产品种类数，这种影响在融资依赖部门更大；当考虑可变成本和固定成本融资时，金融发展提高了企业出口水平，与非融资依赖部门相比，融资依赖部门金融发展对国家出口水平提高作用更大。

（3）借鉴 Fan 等（2015）的模型分析金融发展对出口产品价格的影响机制，研究表明面临融资约束的企业选择以较低的价格出口低质量商品。金融发展可以提高融资规模、缓解融资约束，进而促进出口产品质量的提高，企业以更高的价格出口高质量的产品。

（4）借鉴 Chan 和 Manova（2015）的模型分析金融发展对出口贸易伙伴选择的影响机制。由于出口目的国市场规模和出口成本不同，以市场潜力来综合反映出口目的国市场规模和出口成本的影响。融资约束的企业为其固定成本和可变成本融资时需要抵押资产，企业增加出口目的地可能获得更多的利润但也需要更多的前期固定投入成本，为这些固定成本融资需要抵押更多资产。追求利润最大化的企业只能按照可获得利润大小（市场潜力）对出口目的地排序，优先选择市场潜力大的市场，按市场潜力顺序增加出口目的地数量，直到耗尽可抵押的资产。融资约束的企业存在最优出口生产率分界点，金融发展降低了出口生产率分界点，企业出口可以渗透到按市场潜力排序更低的国家，企业出口目的地数量增加，金融发展对融资依赖行业的影响更大。如果企业可以观察到出口目的地排序，那么所有国家均有可能进入市场潜力最大的国家，金融发展与市场潜力最大值不相关。金融发展可以使出口渗透到市场潜力更大的国家，因此金融发展与市场潜力最小值密切相关，且这种影响在融资依赖部门更大。

（5）借鉴吴晓怡和邵军（2014）的模型分析金融发展对贸易关系持续时间的影响机制，该文献将融资约束变量引入 Esteve-Pérez 等（2011）提出的存在出口目的地市场沉没成本和不确定性的异质性企业异质性目的地市场模型中，考虑多期的情况，企业在进入新出口市场、继续出口到已经进入的出口市场和退出已经进入的出口市场之间动态最优化决策。当期望利润现值高于出口初期投入的前期固定成本和进入出口市场后每期需要支付的固定成本时，企业进入新出口市场。一旦进入某一出口市场，如果期望利润的现值高于每期支付的固定成本，企业继续出口到该市场；如果期望利润低于每期支付的固定成本，企业退出该出口市场。正是由于出口前期投入成本的存在，企业进入出口市场后出口贸易关系持续时间增加。金融发展缓解了外部融资约束，使企业外部融资变得容易，降低了企业出口前期固定投入成本的融资难度，也降低了每期支付的固定成本的融资成本，从而更容易进入出口市场，进入出口市场后继续出口到退出该出口市场的时间延长。

第五章　金融发展对出口三元边际影响的实证研究

以 Melitz（2003）为代表的新新贸易理论强调企业异质性对出口贸易的影响，由于固定成本的存在，并不是所有企业可以参与出口贸易，只有生产率足够高的企业才能克服固定成本进入国际市场。随着新新贸易理论的发展，出口贸易研究开始关注出口扩展边际与出口集约边际。随着学者对产品质量问题的关注，Hummels 和 Klenow（2005）进一步将集约边际分解为数量边际和价格边际，国内学者施炳展（2010）也将出口边际分解为集约边际、数量边际和价格边际。一些学者开始关注出口贸易三元分解及其影响因素分析。然而，现有关于出口三元边际影响因素的研究中较少关注金融因素。本章利用 Heckman 两阶段模型对金融发展对出口三元边际（扩展边际、数量边际和价格边际）影响进行实证研究，从融资约束缓解角度解释结论。

第一节　计量模型设定及计量方法选择

长期以来，学者对出口贸易相关问题的研究忽略了零贸易现象，只选择出口额为正的数据。Helpman 等（2008）在新新贸易理论框架下引入企业异质性，分析了零贸易现象存在的理论基础，并指出如果忽略零贸易现象而仅选择正贸易额的数据研究出口相关问题，会存在样本选择问题。当存在样本选择问题时，普通最小二乘法估计系数是有偏的。考虑到贸易数据、出口国金融发展数据、GDP 数据以及其他控制变量和工具变量数据的可获得性，本书选择了 1995~2011 年 118 个出口国或地区和 96 个进口国或地区数据进行研究，数据样本量应该是 118×96×17=192576，实际样本量是 127438 个，有 33.83%的国家或地区之间没有贸易。因此，本书借鉴 Helpman 等（2008）、Manova（2008，2013）及陈磊和宋丽丽（2011）的研究，采用 Heckman 两阶段模型处理零贸易值。

Heckman 两阶段模型是分两步实现的：第一步采用 Probit 模型，利用整体样本建立选择方程研究出口决策，并构造出逆米尔斯比率；第二步将逆米尔斯比率作为解释变量，添加到回归方程中进行估计。系数显著表明存在样本选择问题，且这种样本选择问题不应被忽略，混合最小二乘法的估计结果存在偏差，为了得到一致估计应该采用 Heckman 两阶段模型。Wooldridge（2003）的研究表明，为了得到一致估计，Heckman 两阶段模型选择方程中至少应该有一个变量不在回归方程中，这就意味着需要选择一个影响企业出口但不影响出口量的变量加入样本选择模型中。Melitz（2003）及其他新新贸易理论的研究成果表明，企业进入国外市场存在固定成本，这些固定成本影响企业出口决策但不会影响企业出口量。因此，可以将进口国或地区市场固定进入成本作为 Heckman 两阶段模型的排除性变量。Helpman 等（2008）采用开办企业需要签订法律文件的数量和新办企业办理相关手续需要的时间作为进口国或地区市场进入成本的代理变量。进口国或地区市场进入成本越高，出口企业进入该市场越困难。进口国或地区市场成本高可能迫使出口国或地区企业放弃该市场，如果所有企业都无法出口到该市场，则双边贸易出现零值。因此，本书借鉴 Helpman 等（2008）的做法，采用 2005 年世界银行商业运营数据库（Doing Business Data）进口需要的文件数量和办理相关手续需要花费的时间作为进口固定成本的代理变量，作为 Heckman 两阶段模型的排除性变量加入选择方程。

$$Prob(R_{jmt} > 0) = \alpha_0 + \alpha_1 FD_{jt} + \alpha_2 \text{Ln}GDP_{jt} + \alpha_3 \text{Ln}GDP_{mt} + \alpha_4 \text{Ln}GDPPer_{jt} + \alpha_5 \text{Ln}GDPPer_{mt} + \alpha_6 COST\_IM_{mt} + \gamma \sum X_{jmt} + \varepsilon_{jmt}$$

$$P_{jmt} = 1, \; R_{jmt} > 0$$

$$P_{jmt}=0,\ R_{jmt}=0 \tag{5-1}$$

$$\text{Ln}Y_{jmt}=\beta_0+\beta_1 FD_{jt}+\beta_2\text{Ln}GDP_{jt}+\beta_3\text{Ln}GDP_{mt}+\beta_4\text{Ln}GDPPer_{jt}+\beta_5\text{Ln}GDPPer_{jt}+\gamma\sum X_{jmt}+\varepsilon_{jmt} \tag{5-2}$$

FD_{jt} 表示 t 期出口国 j 的金融发展水平，$\text{Ln}GDP_{jt}$ 和 $\text{Ln}GDP_{mt}$ 分别表示 t 期出口国 j 和进口国 m 国内生产总值的对数值，$\text{Ln}GDPPer_{jt}$ 和 $\text{Ln}GDPPer_{mt}$ 表示出口国和进口国人均国内生产总值取对数，X_{jmt} 表示引力模型的其他变量，ε_{jmt} 表示影响出口扩展边际、数量边际和价格边际的其他不可观测因素。式（5-1）中，j 表示出口国，m 表示进口国，t 表示时间，R_{jmt} 表示在 t 期出口国 j 出口到进口国 m 的相对市场份额。P_{jmt} 表示在 t 期出口国 j 出口产品到进口国 m 的概率，$\text{Ln}Y_{jmt}$ 代表出口相对份额（$\text{Ln}R_{jmt}$）、扩展边际（$\text{Ln}EM_{jmt}$）、数量边际（$\text{Ln}Q_{jmt}$）和价格边际（$\text{Ln}P_{jmt}$）四个回归的变量。

第二节　变量说明、数据来源及变量的描述性统计

一、变量说明及数据来源

（一）被解释变量

出口贸易数据来源于 CEPII-BACI 数据库 HS1992 版本产品层面数据，考虑到金融发展、国内生产总值、引力模型变量以及进口贸易成本代理变量（进口文件数和进口手续时间）等数据的可获得性，选择 1995~2011 年 118 个出口国或地区和 96 个进口国或地区数据进行实证研究。采用本书第四章第二节介绍的方法将出口分解为扩展边际、数量边际和价格边际。数据处理时删去出口额和出口数量缺失的数据、没有数量单位的数据以及出口额小于 1000 美元的数据以避免统计误差。需要说明的是，删去的这些数据量不大，不影响本书结论。

（二）解释变量

出口国或地区金融发展（FD_{jt}）：可以从金融发展规模、结构和效率角度反

映出口国金融发展水平。借鉴相关研究成果，采用商业银行及其他金融机构的贷款与 GDP 之比、流动负债与 GDP 之比以及股票市场交易额与 GDP 之比反映金融发展水平。采用跨国或跨地区数据进行实证研究，样本量越大越能真实地反映金融发展对出口三元边际的影响及其相对重要性。由于样本量受金融发展水平数据的限制，为此，尽量选择金融发展水平数据较全的指标。商业银行及其他金融机构贷款与 GDP 之比作为金融发展的测度指标被广泛应用于金融发展对出口贸易影响的实证研究中且数据最全，因此，本书也采用该指标进行基础回归，采用另外两个指标进行稳健性分析。

由本书第三章的理论分析可知，金融发展可以通过缓解企业融资约束而促进企业出口扩展边际、数量和价格的提高。因此，出口国或地区金融发展对出口集约边际、数量边际和价格边际回归系数的符号预期为正。反映金融发展水平的这三个指标的数据来源于世界银行金融结构数据库。

（三）控制变量

1. 出口国和进口国国内生产总值（$\mathrm{Ln}GDP_{jt}$ 和 $\mathrm{Ln}GDP_{mt}$）

首先分析出口国 GDP 和进口国 GDP 对出口扩展边际的影响。出口国经济规模越大，国内市场需求越大，为了满足国内消费需求，生产的产品种类就越多，同时为国外消费者提供的产品种类也越多，经济规模越大，产品生产时容易形成规模经济，可以以较低的价格为国外消费者提供产品，在更多产品上有竞争力，因此，出口国经济规模越大，出口扩展边际越大。进口国经济总量越大，进口国消费者对产品需求越多样化，扩展边际越大。因此，出口国 GDP 和进口国 GDP 对出口扩展边际预期存在显著正效应。其次分析出口国 GDP 和进口国 GDP 对数量边际的影响。出口国 GDP 越大，生产能力越大，可以为国外消费者提供产品的能力越强。进口国 GDP 越大，市场容量越大，对出口国产品的需求量越大。因此，进口国和出口国 GDP 对数量边际影响预期为正。最后分析出口国 GDP 和进口国 GDP 对价格边际的影响。出口国 GDP 越大，出口国企业越可能实现规模经济，降低出口价格；进口国经济规模越大，进口市场规模越大，进口市场上可以容纳的企业数量越多，厂商竞争越激烈，厂商有可能降低价格以出售更多的产品，也有可能提高产品质量以保持竞争优势，因此，进口国国内生产总值对出口价格影响情况不确定。计算用到的 GDP 数据来源于 PWT8.0 数据库。

2. 出口国和进口国人均 GDP（$LnGDPPer_{jt}$ 和 $LnGDPPer_{mt}$）

首先分析出口国和进口国人均 GDP 对产品种类扩展边际的影响。出口国经济越发达，出口国居民对产品种类的要求越高，为了满足消费者需求，企业提供的产品种类越多。进口国经济越发达，对产品种类需求越大，也越有能力购买多样化产品来满足需求。因此，出口国和进口国人均 GDP 对出口扩展边际预期存在正效应。其次分析出口国和进口国人均 GDP 对数量边际的影响，发达经济体生产能力更强，可以生产并出口更多数量的产品。发达经济体消费能力强，可以进口更多数量的商品。因此，出口国和进口国人均 GDP 对出口数量边际的影响预期为正。最后分析出口国和进口国人均 GDP 对出口价格边际的影响，一般来说经济发达的国家技术能力更高，在资本技术密集型产品出口上有优势，这些产品出口附加值高。经济发达的国家需求能力强，购买能力强，消费更高质量的商品，因此出口国和进口国人均 GDP 对出口价格边际影响预期为正。计算人均 GDP 用到的 GDP 和人口数量数据来源于 PWT8.0 数据库。

3. 国家间地理距离（$Dist_{jmt}$）

国家间地理距离是贸易成本的代理变量，地理距离越远贸易成本越大。地理距离增加引起贸易成本增加可以从两方面理解：其一是地理距离增大引起运输成本增加；其二是地理距离增大引起信息成本增加，进出口国家地理距离越远，出口国企业了解进口国市场信息越困难，信息获取成本越高。地理距离增加还会引起贸易成本增加，进而降低企业出口可能性，减少出口商品种类，降低出口数量。因此，在其他因素不变的情况下，地理距离远的国家出口相对份额低，出口产品种类少，出口数量边际低。但是地理距离对出口价格边际的影响是不确定的，这主要是因为价格一方面反映了贸易成本，另一方面反映了产品质量。按照新新贸易理论，只有生产率高的企业可以承担高的出口成本，将产品出口到其他国家，平均生产率越高的企业越有可能承担高成本而将产品出口到地理距离越远的国家。而生产率越高的企业出口平均价格越低，从而导致出口产品价格与地理距离负相关。同时，高质量的产品市场价格更高，地理距离越远，出口产品中高质量的产品比重越大，从而导致出口产品价格与地理距离正相关。Hummles 和 Skiba（2004）的研究也支持该观点。因此，地理距离对出口价格的影响是不确定的。总之，地理距离越远，出口相对份额、出口扩展边际、数量边际越低，而出口价格边际不确定。以主要城市人口比重进行加权的地理距离数据更加真实地反映消费部分状况和贸易成本，因此，本书采用该指标进行实证研究，其数据来源于 CEPII-Distw 数据库。

4. 文化因素

文化因素主要包括是否有共同语言（$Comlang\_off_{jmt}$）、是否接壤（$Contig_{jmt}$）、是否有殖民地关系（$Colony_{jmt}$），这些变量反映了进出口双方是否有共同的文化渊源，如果有则相互信任基础较好，在国际商务谈判中容易达成共识，有利于协商解决国际贸易问题，降低国际贸易沟通成本。因此，这些文化因素对出口扩展边际和数量边际的影响效应预期为正，而对出口价格边际的影响不确定。

（四）其他变量

1. 进口成本（$Cost\_IM_{jmt}$）

进口成本作为 Heckman 两阶段模型的排除性变量加入选择方程。以进口需要的文件数和办理相关手续需要花费的时间作为进口固定成本的代理变量。数据来源于 2005 年世界银行商业运营数据库。该指标变化幅度小，本书借鉴 Berthou（2007）的做法，整个样本期均使用 2005 年的数据。

2. 法律制度（Law_{jmt}）

本书采用法律制度作为金融发展的工具变量以解决内生性问题。法规指数数据来源于 Worldwide Governance Indicators Database，该数据库记录了 1996 年、1998 年、2000 年以及 2002～2013 年的法规数据，该指数取值范围在（-2.5，2.5），该指标越大表示法律执行力越强。由于该指数各年度变化幅度不大，为此用 1996 年数据补充 1995 年数据，采用上下两年数据的均值补充 1997 年、1998 年、1999 年和 2001 年数据。

二、变量的描述性统计

金融发展对出口扩展边际、数量边际和价格边际实证研究用到的相关变量描述性统计如表 5-1 所示。

表 5-1 相关变量的描述性统计

变量	观测值	均值	方差	最小值	最大值
LnR	127438	-7. 857	3. 455	-19. 879	1. 407
LnEM	127438	-3. 511	2. 565	-16. 585	-0. 001
LnQ	127438	-4. 267	2. 612	-22. 033	9. 007
LnP	127438	0. 347	0. 939	-8. 659	20. 541
FD1	127438	54. 41	47. 749	0. 89	284. 62
LnGDP_ i	127438	11. 38	2. 094	5. 336	16. 412
LnGDP_ j	127438	10. 953	2. 186	5. 336	16. 184
LnGDP_ per_ i	127438	8. 875	1. 231	5. 42	11. 149
LnGDP_ per_ j	127438	8. 851	1. 253	5. 031	11. 166
contig	127438	0. 025	0. 155	0	1
comlang_ off	127438	0. 142	0. 349	0	1
colony	127438	0. 015	0. 121	0	1
LnDistw	126544	8. 645	0. 824	4. 742	9. 886
Law	127438	0. 145	0. 974	-2. 045	1. 98
Cost_ im	127438	22. 845	18. 708	1	57

资料来源：笔者根据原始数据整理。

第三节 实证结果与分析

一、基本回归：Heckman 两阶段模型

以商业银行及其他金融机构贷款与 GDP 之比为金融发展代理变量，采用

Heckman 两阶段模型对金融发展对出口扩展边际、数量边际和价格边际影响的回归结果如表 5-2 所示。Heckman 两阶段模型第一阶段 Probit 模型要求随机扰动项满足同方差假定，而样本量大且时间相对较短的数据往往存在异方差问题，从实际数据来看，各国金融发展水平、经济总量以及人均 GDP 差异较大，扰动项规模不同，将大国和小国数据放在一起回归，扰动项容易存在异方差问题。为此，Heckman 两阶段模型第一步采用异方差假定下的 Probit 模型估计（Hetprobit）。并且在第一阶段中加入进口国新办企业需要签订法律文件数作为进口成本的代理变量，保证 Heckman 两阶段模型可以被有效识别，在第二阶段回归方程中加入第一阶段回归得到的逆米尔斯比率来解决样本选择性偏差问题。表 5-2 第（1）列列出了第一阶段回归结果，第（2）~第（5）列分别列出了第二阶段金融发展对出口相对份额、出口扩展边际、出口数量边际和出口价格边际的估计结果。第（1）列选择方程中进口成本变量在 1%的显著性水平上显著为负，这说明 Heckman 两阶段模型有效识别条件成立。第（2）~第（5）列逆米尔斯比率在 1%的显著性水平上显著不为零，表明存在样本选择性问题且这种样本选择性问题不能被忽略，最小二乘法估计结果存在选择性偏差，Heckman 模型两阶段估计是有效的。

接下来分析各因素对出口三元边际的影响：

（1）分析金融发展对出口相对份额、出口扩展边际、出口数量边际和出口价格边际的影响。如表 5-2 第（2）~第（5）列所示，金融发展变量的回归系数在 1%的显著性水平上显著为正，说明金融发展可以缓解外部融资约束，提高出口可能性，提高出口产品质量。金融发展对出口相对份额、出口扩展边际、出口数量边际和出口价格边际有显著促进作用。金融发展对出口相对份额影响的回归系数是 0.00906，对扩展边际、数量边际和价格边际影响的回归系数分别是 0.00763、0.000322 和 0.000483。这说明出口国金融发展水平每提高 1%，出口相对份额就会提高 0.906%，出口扩展边际（种类）会提高 0.763%，出口数量边际会提高 0.0322%，出口价格边际会提高 0.0483%。对比三者的系数可以发现，金融发展主要通过扩展边际而影响出口相对份额。金融发展对价格边际的影响效应高于数量边际的影响效应。

（2）分析经济规模对出口相对份额、出口扩展边际、出口数量边际和出口价格边际的影响。如表5-2第（2）~第（6）列所示，出口国经济规模对出口相对份额、出口扩展边际、出口数量边际有显著正效应，但是对出口价格边际有显著负效应。与前面的理论分析一致，经济规模大的国家国内市场广阔，企业容易形成规模经济，同时经济总量大的市场国内竞争激烈，激烈竞争迫使企业降低价格。进口国经济规模越大出口相对规模和出口广度越大，但出口数量边际和价格边际越低。该研究结论符合理论预期，经济规模大的国家市场需求量大，消费者需求多样化，企业愿意将产品出口到经济规模大的市场上以满足消费者多样化需求。但是，经济总量大的国家国内企业容易形成规模经济，市场竞争压力大，由此，外国企业面临的压力也大，企业出口数量下降，市场竞争结果迫使企业降低价格，因此，进口国经济规模对数量边际和价格边际有负效应。

（3）分析收入水平对出口相对份额、扩展边际、数量边际和价格边际的影响。出口国收入水平对出口相对份额、出口扩展边际和出口价格有显著正效应。出口国收入水平对出口数量边际有显著负效应。进口国收入水平对出口扩展边际和出口价格边际有显著正效应，但是对出口数量边际有显著负效应，这主要是由于收入水平高的国家更倾向于进口高质量的产品，出口已经不是简单的数量扩张，更主要的是提升消费品档次。

（4）分析出口距离对出口扩展边际、数量边际和价格边际的影响。与理论预期相一致，地理距离降低了出口相对份额、出口产品种类扩展边际和数量边际。实证结果表明地理距离对出口产品价格边际有显著正效应。前面的理论分析表明，高质量的产品市场价格更高，经济附加值更高，当地理距离增加后，生产高质量的产品的企业有能力承担更高的运输成本而出口，因此，出口产品质量提高会使出口价格也提高。

（5）文化因素：是否有共同语言、是否接壤、是否有殖民地关系对出口扩展边际和数量边际的影响效应在1%的显著性水平上显著为正，与理论预期相一致，有共同文化渊源的国家有良好的信任基础，容易沟通达成共识，共同解决国际贸易问题。是否有共同语言对出口价格边际的影响为正，是否接壤和是否有共同的殖民地对出口价格边际的影响为负。

表 5-2　金融发展对出口三元边际影响分析：基本回归

变量	(1)	(2)	(3)	(4)	(5)
	R	LnR_jm	LnEM_jm	LnQ_jm	LnP_jm
pcrdbgdp	0.0149***	0.00906***	0.00763***	0.000322***	0.000483***
	-103.75	-173.81	-167.09	-5.47	-19.77
LnGDP_jm_i	0.716***	1.201***	0.673***	0.455***	-0.0465***
	-130.7	-970.75	-620.81	-325.91	(-80.31)
LnGDP_jm_j	0.481***	0.144***	0.363***	-0.217***	-0.00473***
	-136.21	-131.14	-378.39	(-176.07)	(-9.24)
LnGDP_per_i	-0.000837	0.246***	0.258***	-0.146***	0.130***
	(-0.30)	-108.28	-129.46	(-56.83)	-122.03
LnGDP_per_j	0.213***	-0.0818***	0.123***	-0.216***	0.0120***
	-82.63	(-47.66)	-81.45	(-111.23)	-14.96
contig	0.442***	1.176***	0.186***	1.142***	-0.0621***
	-19.03	-88.8	-16.04	-76.39	(-10.02)
comlang_off	1.172***	1.299***	0.935***	0.161***	0.0477***
	-111.24	-228.86	-187.85	-25.1	-17.96
colony	0.918***	0.397***	0.244***	0.292***	-0.0363***
	-12.64	-26.22	-18.45	-17.08	(-5.13)
LnDistw	-0.269***	-1.189***	-0.837***	-0.206***	0.0404***
	(-70.58)	(-484.61)	(-389.57)	(-74.39)	-35.19
Im_cost	-0.00663***				
	(-46.87)				
lambda		0.751***	0.124***	1.671***	-0.0752***
		-114.04	-21.32	-224.88	(-24.41)
_cons	-11.39***	-14.71***	-11.87***	-2.226***	-0.700***
	(-133.83)	(-399.70)	(-367.71)	(-53.58)	(-40.61)
F（LR）值	7152.49	97272.9	55510.85	1576.42	1717.38
调整后的 R^2		0.675	0.544	0.252	0.035
N	177840	126454	126454	126454	126454

注：* 表示 $p<0.05$，** 表示 $p<0.01$，*** 表示 $p<0.001$。

二、内生性问题

金融发展对出口三元边际影响研究可能面临内生性问题，这主要是由于：①以商业银行及金融机构贷款与 GDP 之比来测度金融发展引入内生性偏误，因为信贷扩张增加了未来经济增长的机会。②可能存在反向因果关系。在融资依赖产品生产上有比较优势的国家融资需求更高，因此其金融发展水平应该更高（Do and Levchenko，2007）。③存在既影响出口贸易又影响金融发展的不可观测因素的冲击。

通过选择工具变量的方法来解决内生性问题。工具变量的选择应该满足以下两点：其一，选择的工具变量要与内生变量相关，即与金融发展变量相关；其二，选择的工具变量要与因变量不相关，即与出口扩展边际、数量边际和价格边际不相关。借鉴金融发展对出口贸易影响的相关研究成果，本书选择法律制度为工具变量。

虽然 Heckman 两阶段模型可以纠正因忽略零贸易现象而导致的选择性偏差，但无法解决出口贸易影响金融发展而导致的内生性问题。因此，本书采用 Wooldridge（2010）的方法，在 Heckman 两阶段模型回归方程中使用最小二乘法来估计金融发展对出口扩展边际、数量边际和价格边际的影响，结果如表 5-3 所示。

表 5-3　金融发展对出口三元边际影响：工具变量回归

变量	(1)	(2)	(3)	(4)	(5)
	R	LnR_jm	LnEM_jm	LnQ_jm	LnP_jm
pcrdbgdp	0.0141***	0.0215***	0.0161***	0.00193***	0.00434***
	-222.42	-52.31	-44.76	-4.2	-22.95
LnGDP_jm_i	0.351***	1.280***	0.694***	0.531***	-0.0152***
	-461.88	-218.25	-134.77	-80.88	(-5.61)
LnGDP_jm_j	0.251***	0.217***	0.393***	-0.160***	0.0207***
	-349.76	-45.01	-92.94	(-29.69)	-9.35
LnGDP_per_i	-0.150***	-0.0365***	0.0506***	-0.146***	0.0398***
	(-84.47)	(-3.49)	-5.51	(-12.42)	-8.26

续表

变量	(1)	(2)	(3)	(4)	(5)
	R	LnR_jm	LnEM_jm	LnQ_jm	LnP_jm
LnGDP_per_j	0.105*** -98.9	-0.0597*** (-10.72)	0.129*** -26.31	-0.194*** (-31.13)	0.0243*** -9.45
contig	0.432*** -38.26	1.458*** -35.94	0.374*** -10.53	1.256*** -27.64	-0.0119 (-0.64)
comlang_off	0.629*** -162.81	1.453*** -76.35	0.995*** -59.56	0.310*** -14.55	0.0998*** -11.38
colony	0.156*** -5.51	0.296*** -6.08	0.165*** -3.88	0.374*** -6.88	-0.110*** (-4.93)
LnDistw	-0.0705*** (-48.32)	-1.199*** (-157.35)	-0.857*** (-128.30)	-0.172*** (-20.11)	0.0360*** -10.26
Im_cost	-0.00366*** (-53.61)				
lambda2		1.622*** -33.36	0.386*** -8.99	2.535*** -46.55	0.250*** -11.14
_cons	-5.320*** (-229.12)	-15.07*** (-107.19)	-11.02*** (-89.26)	-4.841*** (-30.74)	-0.918*** (-14.16)
F (Wald) 值	502846.5	2.50E+05	1.40E+05	4042.57	4830.42
DWH 检验 P 值		0	0	0	0
第一阶段 F 值		34332.8	34332.8	34332.8	34332.8
Wald 外生性	16224.64				
N	177840	126544	126544	126544	126544

注：*表示 p<0.05，**表示 p<0.01，***表示 p<0.001。

使用工具变量进行回归时，既需要通过内生性检验来表明工具变量选择的必要性，也要通过弱工具变量检验和过度识别检验来检验工具变量的有效性。由于存在异方差问题，采用在异方差情况下依然稳健的 Durbin-Wu-Hausmann 检验（DWH 检验），表 5-3 报告的 DWH 检验的 P 值为 0，表明模型确实存在内生性问题。表 5-3 同时报告的使用法律制度做工具变量进行两阶段最小二乘法估计第一阶段的 F 统计量值为 34332.8，当使用工具变量进行两阶段最小二乘法进行估计第一阶段的 F 值大于 10 时，工具变量与原解释变量之间相关性较强。模型的解释变量和控制变量中只有金融发展是内生变量，选择法律制度为工具变量，工具变量的数量与内生变量的数量相同，恰好可以识别模型。因此，模型不存在弱工具变量和过度识别的问题。此外，模型在 1%的显著性水平上显著，说明模型存在样本选择问题。

使用工具变量后，金融发展对出口扩展边际、数量边际和价格边际在 1%的显著性水平上显著，说明金融发展对出口扩展边际、数量边际和价格边际有显著促进作用，金融发展主要通过扩展边际影响出口相对份额，金融发展对价格边际的影响效应高于对数量边际的影响效应。对比表 5-2 与表 5-3 的结果，可以看出引入工具变量后金融发展对出口相对市场份额影响系数由原来的 0. 00906 增加到 0. 0215，扩展边际估计系数从原来的 0. 00763 增加到 0. 0161，价格边际系数从原来的 0. 000322 增加到 0. 00193，因此，引入工具变量后纠正了金融发展对出口贸易内生性导致的偏差，金融发展对出口集约边际、数量边际和价格边际的实际影响效应更大。

第四节　稳健性检验

采用以下两种方法对前文计量结果进行稳健性检验：

一、将出口国或地区随机分为两组进行稳健性检验

将全球 118 个出口国或地区随机分为两组，采用考虑内生性问题的 Heckman 两阶段模型，回归结果如表 5-4 所示，从回归结果来看，金融发展及其他控制变量对出口扩展边际、数量边际和价格边际回归系数符号方向和显著性与表 5-3 的回归结果一致，系数值相近。具体来说：金融发展对出口扩展边际、数量边际和价格边际回归系数在 1%的显著性水平上显著为正，系数值分别为 0. 0139、0. 00177 和 0. 00363。金融发展对出口扩展边际回归系数值远大于金融发展对出

口数量边际和价格边际的回归系数，金融发展对出口价格边际的影响效应高于对数量边际的影响效应。出口国或地区 GDP 对出口扩展边际和数量边际的影响系数在 1%的显著性水平上为正，对价格边际的影响系数在 1%的显著性水平上显著为负。进口国或地区 GDP 对出口扩展和数量边际的影响系数在 1%的显著性水平上显著为正，对价格边际的影响系数在 1%的显著性水平上显著为负。出口国或地区人均 GDP 对出口扩展边际和价格边际的影响效应在 1%的显著性水平上显著为正，对数量边际的影响系数在 1%的显著性水平上显著为负。进口国或地区人均 GDP 对出口扩展边际和价格边际的影响效应在 1%的显著性水平上显著为正，对数量边际的影响系数在 1%的显著性水平上显著为负。共同语言、是否有殖民关系和是否接壤对出口扩展边际、数量边际和价格边际的影响系数在 1%的显著性水平上显著为正。地理距离对出口产品扩展边际和数量边际的影响效应在 1%的显著性水平上显著为负，对出口价格边际的影响效应在 1%的显著性水平上显著为负。这些结果与前面的计量结果吻合，说明实证结果是稳健的。

表 5-4　金融发展对出口三元边际影响的稳健性检验

变量	(1)	(2)	(3)	(4)	(5)
	R	LnR_jm	LnEM_jm	LnQ_jm	LnP_jm
pcrdbgdp	0.0124***	0.0160***	0.0139***	0.00177**	0.00363***
	-129.89	-26.5	-26.04	-2.53	-11.89
LnGDP_jm_i	0.344***	1.271***	0.697***	0.539***	-0.0302***
	-321.66	-171.99	-106.63	-63	(-8.05)
LnGDP_jm_j	0.232***	0.172***	0.368***	-0.156***	0.00776*
	-228.68	-27.67	-66.79	(-21.65)	-2.46
LnGDP_per_i	-0.0856***	0.0724***	0.0746***	-0.207***	0.0862***
	(-27.83)	-4.3	-5.01	(-10.59)	-10.1
LnGDP_per_j	0.122***	-0.0516***	0.106***	-0.161***	0.0192***
	-79.18	(-6.77)	-15.73	(-18.20)	-4.97
contig	0.640***	1.293***	0.160**	1.195***	0.0512
	-39.02	-23.32	-3.27	-18.61	-1.82

续表

变量	(1)	(2)	(3)	(4)	(5)
	R	LnR_ jm	LnEM_ jm	LnQ_ jm	LnP_ jm
comlang_ off	0. 716***	1. 374***	0. 922***	0. 276***	0. 0786***
	-122. 61	-52. 93	-40. 15	-9. 17	-5. 98
colony	0. 863***	0. 259***	0. 139**	0. 403***	-0. 155***
	-10. 89	-4. 3	-2. 61	-5. 77	(-5. 05)
LnDistw	0. 0132***	-1. 119***	-0. 806***	-0. 175***	0. 0487***
	-6. 65	(-109. 04)	(-88. 80)	(-14. 71)	-9. 37
Im_ cost	-0. 00241***				
	(-24. 42)				
lambda2		1. 397***	0. 250***	2. 674***	0. 128***
		-21. 37	-4. 3	-35. 33	-3. 86
_ cons	-6. 398***	-15. 85***	-11. 02***	-4. 877***	-0. 887***
	(-168. 95)	(-81. 84)	(-64. 25)	(-21. 74)	(-9. 03)
F (Wald) 值		1. 40E+05	80006. 09	19818. 17	3495. 34
DWH 检验 P 值		0. 000	0. 000	0. 000	0. 000
第一阶段 F 值	256144. 63				
Wald 外生性	5534. 94				
N	89680	63030	63030	63030	63030

注：* 表示 p<0. 05，** 表示 p<0. 01，*** 表示 p<0. 001。

二、采用其他金融发展的测度指标的稳健性检验

采用流动负债与 GDP 之比以及股票市场资本与 GDP 之比作为金融发展的测度指标，对表 5-3 的结果进行稳健性检验。其结果如表 5-5 和 5-6 所示。金融发展对出口扩展边际、数量边际和价格边际回归系数在 1%的显著性水平上显著为正，金融发展对扩展边际影响的回归系数大于金融发展对数量边际和价格边际影响回归系数，且与出口相对份额回归系数的比值较大，再次证明金融发展主要通过扩展边际影响出口，金融发展对扩展边际的影响大于对数量边际和价格边际的影响，金融发展对价格边际的影响大于对数量边际的影响。

表 5-5 采用其他金融发展指标的稳健性分析（1）

变量	(1)	(2)	(3)	(4)
	LnR_jm	LnEM_jm	LnQ_jm	LnP_jm
llgdp	0.0246***	0.0166***	0.00186**	0.00474***
	-36.3	-28.87	(-3.84)	-22.88
LnGDP_jm_i	1.375***	0.750***	0.488***	0.0505***
	-142.19	-91.28	-52.28	-11.33
LnGDP_jm_j	0.272***	0.400***	-0.204***	0.0683***
	-40.36	-69.83	(-31.36)	-22
LnGDP_per_i	0.0544***	0.174***	-0.103***	0.0298***
	-4.43	-16.67	(-8.66)	-5.27
LnGDP_per_j	-0.0195**	0.167***	-0.234***	0.0518***
	(-2.85)	-28.88	(-35.55)	-16.5
contig	0.927***	-0.164***	1.203***	0.00629
	-19.07	(-3.99)	-25.64	-0.28
comlang_off	1.405***	0.922***	0.236***	0.188***
	-59.17	-45.85	-10.3	-17.16
colony	0.696***	0.353***	0.381***	0.0482*
	-13.59	-8.14	-7.72	-2.05
LnDistw	-1.128***	-0.786***	-0.274***	0.0760***
	(-124.80)	(-102.74)	(-31.48)	-18.28
lambda3	2.901***	0.952***	1.368***	1.318***
	-24.92	-9.57	-12.18	-24.6
F（Wald）值	1.3+E05	89981.01	33400.88	4362.91
DWH 检验 P 值	0	0	0	0
第一阶段 F 值	7531.4	7452.05	7531.4	7531.4
_cons	-19.34***	-14.15***	-2.407***	-3.350***
	(-80.73)	(-69.51)	(-10.42)	(-30.37)
N	86991	86991	86991	86991

注：* 表示 p<0.05，** 表示 p<0.01，*** 表示 p<0.001。

表 5-6　采用其他金融发展指标的稳健性分析（2）

变量	(1)	(2)	(3)	(4)
	LnR_jm	LnEM_jm	LnQ_jm	LnP_jm
stmkcap	0.0603*** -24.32	0.0480*** -22.91	0.0027*** (-10.04)	0.0091*** -19.93
LnGDP_jm_i	2.326*** -44.15	1.578*** -35.43	0.0706 -1.88	0.373*** -17.42
LnGDP_jm_j	0.825*** -26.29	0.890*** -33.56	-0.460*** (-20.57)	0.253*** -19.83
LnGDP_per_i	-0.918*** (-16.03)	-0.611*** (-12.60)	0.208*** -5.09	-0.301*** (-12.90)
LnGDP_per_j	0.255*** -13.92	0.412*** -26.67	-0.366*** (-28.04)	0.143*** -19.23
contig	1.127*** -15.1	0.0375 -0.6	1.062*** -19.98	0.0783** -2.58
comlang_off	1.136*** -36.33	0.832*** -31.57	0.0863*** -3.87	0.0857*** -6.74
colony	2.041*** -20.62	1.432*** -17.12	-0.0357 (-0.51)	0.511*** -12.71
LnDistw	-1.474*** (-78.96)	-1.042*** (-66.16)	-0.203*** (-15.28)	-0.0435*** (-5.73)
lambda4	13.80*** -22.54	10.69*** -20.6	-3.766*** (-8.64)	4.946*** -19.86
F（Wald）值	56441.38	39956.25	26252.59	2446.8
DWH 检验 P 值	0	0	0	0
第一阶段 F 值	881.36	875.781	881.36	881.36
_cons	-33.12*** (-38.46)	-27.32*** (-37.52)	5.724*** -9.33	-7.937*** (-22.66)
N	86478	86478	86478	86478

注：* 表示 $p<0.05$，** 表示 $p<0.01$，*** 表示 $p<0.001$。

第五节　进一步分析

按时间先后顺序将样本分为 1995～2003 年和 2004～2011 年两组，以商业银行及其他金融机构贷款与 GDP 之比反映出口国或地区金融发展水平，采用考虑内生性问题的 Heckman 两阶段模型对金融发展对出口扩展边际、数量边际和价格边际影响进行分析，结果如表 5-7 和表 5-8 所示。表 5-7 和表 5-8 中金融发展对出口扩展边际、数量边际和价格边际回归系数在 1%的显著性水平上显著为正，说明金融发展对出口扩展边际、数量边际和价格边际有显著促进作用。

表 5-7　按年度分组金融发展对出口三元边际影响的分析（1995～2003）

变量	(1)	(2)	(3)	(4)	(5)
	R	LnR_jm	LnEM_jm	LnQ_jm	LnP_jm
pcrdbgdp	0.0134***	0.0266***	0.0187***	0.00798***	0.00338***
	-66.68	-23.23	-18.15	-6	-5.29
LnGDP_jm_i	0.340***	1.205***	0.675***	0.505***	-0.0371***
	-269.9	-138.88	-86.18	-50.1	(-7.67)
LnGDP_jm_j	0.259***	0.207***	0.382***	-0.124***	0.0159***
	-262.47	-25.11	-51.23	(-12.91)	-3.47
LnGDP_per_i	-0.0644***	-0.0426	0.0735***	-0.247***	0.0847***
	(-14.89)	(-1.95)	-3.74	(-9.75)	-6.97
LnGDP_per_j	0.132***	-0.0432***	0.165***	-0.214***	0.0288***
	-87.73	(-5.26)	-22.33	(-22.40)	-6.3
contig	0.457***	1.413***	0.393***	1.155***	-0.0112
	-29.28	-27.12	-8.38	-19.09	(-0.39)
comlang_off	0.639***	1.338***	0.939***	0.244***	0.138***
	-116.9	-50.12	-39.09	-7.89	-9.31
colony	0.0860**	0.644***	0.428***	0.403***	-0.0990**
	-2.68	-10.24	7.59	-5.52	(-2.83)

续表

变量	(1)	(2)	(3)	(4)	(5)
	R	LnR_jm	LnEM_jm	LnQ_jm	LnP_jm
LnDistw	-0.141***	-1.280***	-0.954***	-0.148***	0.00318
	(-69.36)	(-116.60)	(-96.48)	(-11.61)	-0.52
Im_cost	-0.00296***				
	(-31.36)				
lambda2_t21		1.616***	0.446***	2.791***	0.125*
		-17.68	-5.38	-26.31	-2.45
F（Wald）值		130000	75253.11	20144.85	1839.82
DWH 检验 P 值	0.000				
第一阶段 F 值		3992.02	3957.03	3992.02	3992.02
Wald 外生性					
_cons	-5.439***	-13.63***	-10.49***	-4.248***	-0.671***
	(-114.96)	(-74.56)	(-63.67)	(-20.03)	(-6.59)
N	97252	67976	67976	67976	67976

注：* 表示 p<0.05，** 表示 p<0.01，*** 表示 p<0.001。

表 5-8 按年度分组金融发展对出口三元边际影响的分析（2004~2011 年）

变量	(1)	(2)	(3)	(4)	(5)
	R	LnR_jm	LnEM_jm	LnQ_jm	LnP_jm
pcrdbgdp	0.00856***	0.0118***	0.00892***	0.000675	0.00489***
	-62.08	-16.91	-14.94	-0.88	-18.57
LnGDP_jm	0.368***	1.294***	0.651***	0.638***	-0.0144***
	-338.94	-143.66	-84.15	-64.65	(-4.23)
LnGDP_jm	0.254***	0.202***	0.356***	-0.109***	0.0125***
	-247.01	-28.79	-59.2	(-14.21)	-4.72
LnGDP_per	-0.0738***	0.150***	0.178***	-0.0782***	-0.00382
	(-19.76)	-7.7	-10.6	(-3.65)	(-0.52)
LnGDP_per	0.0855***	-0.0924***	0.0847***	-0.152***	0.0138***
	-56.38	(-11.99)	-12.81	(-17.94)	-4.73
contig	0.333***	1.432***	0.290***	1.394***	-0.0346
	-20.28	-24.97	-5.9	-22.18	(-1.60)

续表

变量	(1)	(2)	(3)	(4)	(5)
	R	LnR_jm	LnEM_jm	LnQ_jm	LnP_jm
comlang	0.627***	1.456***	0.946***	0.487***	0.0262**
	-111.24	-54.84	-41.55	-16.72	-2.61
colony	0.598***	0.136	0.0673	0.301***	-0.127***
	-9.34	-1.93	-1.12	-3.9	(-4.78)
LnDistw	-0.0203***	-1.154***	-0.794***	-0.208***	0.0672***
	(-9.50)	(-107.89)	(-86.70)	(-17.78)	-16.63
Im_cost	-0.00429***				
	(-42.99)				
lambda2		1.322***	-0.203**	3.461***	0.191***
		-16.91	(-3.01)	-40.4	-6.45
F（Wald）值		130000	76695.83	23489.68	3294.78
DWH 检验 P 值	0.000				
第一阶段 F 值		8195.800	8140.550	8195.800	8195.800
_cons	-6.050***	-16.56***	-10.76***	-7.829***	-0.543***
	(-164.61)	(-83.02)	(-62.93)	(-35.81)	(-7.20)
N	89856	67681	67681	67681	67681

注：* 表示 $p<0.05$，** 表示 $p<0.01$，*** 表示 $p<0.001$。

金融发展对扩展边际的影响的回归系数大于对数量边际和集约边际的回归系数，且与出口相对份额系数的比值较高，说明金融发展主要通过扩展边际影响出口相对份额的结论稳健。其他控制变量的回归系数与表 5-2 结果符号一致。

进一步对比表 5-3 与表 5-7、表 5-8 的结果可以看出：

（1）随着金融和出口贸易的发展，金融发展对出口扩展边际和数量边际影响效应在降低。如表 5-7 所示，1995~2003 年金融发展对出口扩展边际和数量边际影响系数分别是 0.0187 和 0.00798，而 2004~2011 年金融发展对出口扩展边际和数量边际影响的回归系数分别是 0.00892 和 0.000675。且金融发展对数量边际影响效应降低幅度大。

（2）随着全球金融和出口贸易的发展，金融发展对出口价格边际的影响效应在增强。2004~2011 年金融发展对出口价格边际影响回归系数为 0.00489，高于 1995~2003 年的 0.00338，说明随着全球金融和出口贸易的发展，金融发展对出口价格边际的影响在增强。

（3）随着金融和出口贸易的发展，数量边际和价格边际对出口增长贡献的相对重要性发生变化。

1995~2003 年，金融发展对出口数量边际的影响效应高于价格边际，但是 2004~2011 年金融发展对出口价格边际的影响高于对出口数量边际的影响。

本章小结

本章利用 Hummuls 和 Klenow（2005）的方法将 1995~2011 年 118 个出口国或地区和 96 个进口国或地区出口贸易数据分解为出口产品种类扩展边际、数量边际和价格边际，以商业银行及其他金融机构贷款与 GDP 之比测度金融发展，研究了金融发展对出口三元边际的影响。研究中用 Heckman 两阶段回归模型克服样本选择性偏差，以法律制度为工具变量解决内生性问题。研究结果表明，金融发展对出口产品种类扩展边际、数量边际和价格边际有显著促进作用，金融发展主要通过扩展边际提高出口相对份额，金融发展对出口价格边际的影响大于金融发展对出口数量边际的影响。采用分组回归和改用其他金融发展测度指标方法进行的稳健性分析表明，结论是稳健的。进一步分析表明，随着全球金融和出口贸易的发展，金融发展对出口扩展边际、数量边际的影响效应在降低，而对出口价格边际的效应会提高。金融发展主要通过扩展边际影响出口，但是数量边际和价格边际的相对重要性会发生变化，价格边际变得更加重要。

第六章 金融发展对出口目标市场选择影响的实证研究

第一节 计量模型设定及变量说明

一、计量模型设定

参考 Chan 和 Manova（2015）的研究，本书建立以下约简形式的计量模型，研究金融发展对出口目标市场选择的影响。

$$\underset{j \in TP_{mst}}{\mathrm{Min}} MP_{jmst} = \beta + \beta_0 FD_{jt} + \beta_1 FD_{jt} \times ExtFin_s + \beta_2 FD_{jt} \times Tang_s + B_x X_{jst} + \Phi_j + \Phi_s + \Phi_t + \nu_{jst} \quad (6-1)$$

$$NuTP_{jst} = \eta + \eta_0 FD_{jt} + \eta_1 FD_{jt} \times ExtFin_s + \eta_2 FD_{jt} \times Tang_s + \Psi_x X_{jst} + \mu_i + \mu_s + \mu_t + \omega_{ist} \quad (6-2)$$

式（6-1）中，MP_{jmst} 表示 t 年 s 部门出口国 j 在进口国 m 的市场潜力（Market Potential），反映了出口市场相对吸引力。式（6-2）中，$NuTP_{jst}$ 表示第 t 年出口国 j 在 s 部门的目标市场数量。

二、变量说明

1. 因变量

关注金融发展对出口目的地市场选择的影响。主要思想是金融发达的国家其出口目的地市场可以渗透到市场潜力排序更低的国家。由此，以目的地市场潜力最小值（$\underset{m \in TP_{jst}}{\text{Min}} MP_{jmst}$）和出口目标市场数量（$NuTP_{jst}$）为因变量。

2. 解释变量

主要关心的解释变量是金融发展（FD_{jt}）、部门金融依赖程度（$ExtFin_{jt}$）和资产流动性（$Tang_{jt}$），这几个变量分别对应理论模型中的 λ_j、d_s 和 t_s。自 Ran 和 Jan（1998）引入交叉项分析金融发展对收入影响以来，许多学者在行业层面引入交叉项研究金融发展对出口贸易的影响。本书遵循大多数文献的设定，引入交叉项来分析金融发展对出口目标市场影响的行业差异性。按前文分析可知，将出口目的地按市场潜力排序，金融发达国家可以出口到市场潜力较低国家，进入更低的出口目的地阶层，这种影响在金融依赖部门更大，因此，$\beta_0<0$，$\beta_1<0$，$\beta_2>0$。出口目标市场数量随金融发展水平的提高而提高，融资依赖行业金融发展对出口目标市场数量影响更大，因此 $\eta_0>0$，$\eta_1>0$，$\eta_2<0$。

3. 控制变量

（1）市场规模和收入水平。市场规模大、收入高的国家商品生产能力和出口能力更强，可以渗透到市场潜力更低的国家，将商品出口到更多市场上。因此，以 GDP 反映市场规模，以人均 GDP 反映收入水平，预期这些控制变量对市场潜力最小值的影响为负，对出口目的地数量的影响为正。

（2）要素禀赋。要素禀赋影响比较优势进而影响贸易关系建立。引入物质资本（k）、人力资本（H）和自然资源禀赋（N）变量，以及国家物质资本与部门物质资本强度的交叉项（K_KL）、国家人力资本与部门人力资本交叉项（H_HL）、国家自然资源与部门自然资源交叉项（N_NL）。预期这些变量对市场潜力的影响为负，对出口目标市场数量的影响为正。

（3）固定效应。除了出口国金融发展和要素禀赋，还有其他一些不可观测的因素（如基础设施）影响出口目标市场选择，因此，本书控制了国家固定效应；进口国消费结构会影响不同行业出口，所以控制了产业固定效应；不同年份的宏观经济形势会受到生产和需求冲击，所以控制了时间固定效应。

第二节　数据来源及变量的描述性统计

一、数据来源

1. 贸易数据

考虑国家层面出口国或地区 GDP、人均 GDP、物质资本、人力资本和自然资源，各国产业层面人均物质资本、人力资本和自然资源数据的可获得性，筛选出 62 个出口国或地区和 96 个进口国或地区 HS 6 分位产品层面数据，并将这些数据加总到国际标准产业分类行业层面数据。贸易基础数据来源同第五章。

2. 金融发展（FD_{jt}）

采用商业银行及其他金融机构贷款与 GDP 之比（FD_1）、流动负债与 GDP 之比（FD_2）以及股票市场资本额与 GDP 之比（FD_3）为金融发展的代理变量，数据来源于世界银行金融结构数据库（Financial Structure Database）采用外部金融依赖（ExtFin）和资产流动性（Tang）来反映部门金融依赖性。外部金融依赖（External Finance Dependence）采用非营业现金占资本支出比例来反映。资产流动性（Asset Tangibility）用净资产占资产账面价值的比率来衡量，反映企业通过资产抵押而获得外部融资的能力，数据来源于 Braun（2003）。

3. 市场潜力（MP_{jst}）

采用进口国 GDP 和双边贸易成本的对数比反映出口市场潜力。进口国 GDP 数据来源于佩恩表 Penn World Tables（PWT）8.0。由于不能直接获得贸易成本的数据，采用与运输成本相关的进出口国双边距离作为代理变量。数据来源于 CEPII-Distw 数据库。

4. 其他数据

GDP 与人均 GDP 数据来源于佩恩表 8.0。人均物质资本、人均人力资本数据来源于 Caselli（2005），人均自然资源数据通过自然资源除以人口数计算，自然资源数据来源于世界银行的报告 *Expanding The Measure of Wealth: Indicators of Environmentally Sustainable Development*，人口数来源于 PWT8.0。部门物质资本、人力资本、自然资源数据来源于 Braun（2003）。

二、变量的描述性统计

主要变量的描述性统计如表 6-1 所示。

表 6-1　主要变量的描述性统计

变量	观测值	均值	标准差	最小值	最大值
MinTP	28927	2.830	0.225	2.098	4.680
NuTP	28927	40.586	30.104	1.000	95.000
FD_1	28927	52.599	46.860	2.040	237.580
FD_2	20829	70.633	40.419	14.210	239.200
FD_3	20829	57.439	52.129	0.860	281.390
ExtFin	28927	0.245	0.324	-0.451	1.140
Tang	28927	0.298	0.137	0.075	0.671
LogGDP	28927	11.574	2.077	6.902	16.395
LogGDPPer	28927	22.413	1.302	18.909	24.536
k	28927	41697.160	46632.830	425.678	158496.800
h	28927	2.036	0.574	1.097	3.402
n	28927	959.032	2100.022	2.016	13901.810
KL	28927	0.070	0.037	0.018	0.196
HL	28927	0.997	0.272	0.502	1.656
Nr	28927	0.244	0.429	0.000	1.000

第三节　实证结果及分析

对式（6-1）和式（6-2）进行回归前，需要先计算第 t 年出口国 i 在产业 s

目标市场数量（$NuTP_{jst}$）和第 t 年出口国 i 在产业 s 进口国 m 市场潜力的最小值（$\underset{m \in TP_{jst}}{\text{Min}} TP_{jst}$）。以进口国真实 GDP 与双边距离对数之比作为市场潜力代理变量，真实 GDP 对应理论模型中 Y_j，以双边距离作为贸易成本代理变量，对应理论模型中冰山成本 τ_{jm}，交通成本可以导致固定成本和可变成本，双边距离部分地可以反映目的地特定成本 f_{jm}。

使用面板数据混合最小二乘法对式（6-1）估计的结果如表 6-2 所示。表 6-2 中第（1）~第（3）列分别表示以商业银行及其他金融机构与 GDP 之比（FD_1）、流动负债与 GDP 之比（FD_2）以及股票市场资本额与 GDP 之比（FD_3）反映的金融发展的回归结果。从表 6-2 可以看出，不管采用哪个指标，金融发展对市场潜力最小值的估计系数在 1%的显著性水平上显著为负，说明金融发达的国家可以渗透到市场潜力更低的国家。不管采用哪个指标测度金融发展，金融发展与行业外部融资依赖性的交叉项系数在 1%的显著性水平上显著为负，与资产有形性的交叉项系数在 1%的显著性水平上显著为正，说明金融发展对市场潜力的影响效应在融资依赖行业的更大。

表 6-2　金融发展对市场潜力最小值的影响：基准回归

变量	(1)	(2)	(3)
	FD_1	FD_2	FD_3
	MinTP	MinTP	MinTP
FD	-0. 000802 ***	-0. 000723 ***	-0. 000281 ***
	(-12. 91)	(-14. 07)	(-5. 83)
C_ FD_ ExtFin	-0. 000188 ***	-0. 000216 ***	-0. 000168 ***
	(-3. 92)	(-5. 33)	(-3. 94)
C_ FD_ Tang	0. 00102 ***	0. 00109 ***	0. 000623 ***
	-6. 22	-8. 3	-4. 8
LogGDP	-0. 0674 ***	-0. 0652 ***	-0. 0660 ***
	(-80. 37)	(-83. 05)	(-83. 59)
LogGDPPer	0. 0423 ***	0. 0250 ***	0. 0244 ***
	-19. 01	-9. 59	-9. 3

续表

变量	(1)	(2)	(3)
	FD_1	FD_2	FD_3
	MinTP	MinTP	MinTP
n	-0.0149***	-0.00948***	-0.00986***
	(-21.24)	(-15.74)	(-15.91)
k	0.000273***	0.000442***	0.000196**
	-3.84	-6.59	-3
h	-0.0688***	-0.0710***	-0.0646***
	(-15.57)	(-17.58)	(-14.62)
C_k_KL	-0.00304***	-0.00133*	0.0000085
	(-4.16)	(-2.27)	-0.01
C_h_HL	0.0183***	0.00229	0.00272
	-8.62	-1.17	-1.39
C_n_Nr	0.00675***	0.00357***	0.00426***
	-6.03	-3.68	-4.38
_cons	2.821***	3.181***	3.177***
	-67.29	-58.94	-58.51
N	28518	20829	20829

注：* 表示 $p<0.05$，** 表示 $p<0.01$，*** 表示 $p<0.001$。

使用面板数据混合 OLS 对式（6-2）估计的结果如表 6-3 所示。表 6-3 中第（1）~第（3）列分别表示以商业银行及其他金融机构与 GDP 之比（FD_1）、流动负债与 GDP 之比（FD_2）以及股票市场资本额与 GDP 之比（FD_3）反映的金融发展的回归结果。从表 6-3 可以看出，采用这三个指标进行回归的结果一致，表明金融发展对出口目的地数量有显著正效应，金融发达国家可以出口到更多的目的地，金融发展有利于出口目的地数量的增加。金融发展与融资依赖性的交叉项回归系数在 1%的显著性水平上显著为正，金融发展与资产有形性的交叉项回归系数显著为负，说明金融发展对出口目的数量的影响效应在融资依赖行业更大。

由此可以看出，金融发达国家可以渗透到由进口国市场规模和贸易成本决定的市场潜力进行排序更低的国家，与融资依赖程度低的行业相比，金融发展对融资依赖程度高的行业的影响更大。

表 6-3 金融发展对出口目标数量的影响：基准回归

变量	(1)	(2)	(3)
	FD_1	FD_2	FD_3
FD	0.0976***	0.0515***	0.0594***
	-19.55	-9.51	-11.77
C_FD_ExtFin	0.192***	0.196***	0.178***
	-49.7	-46.01	-39.86
C_FD_Tang	-0.103***	-0.108***	-0.0522***
	(-7.82)	(-7.82)	(-3.83)
LogGDP	9.061***	9.767***	9.981***
	-134.35	-118.05	-120.61
LogGDPPer	-1.455***	4.911***	5.150***
	(-8.12)	-17.88	-18.74
n	-0.251***	-0.241***	0.181**
	(-4.45)	(-3.79)	-2.79
k	0.0725***	0.00642	0.0346***
	-12.67	-0.91	-5.04
h	4.020***	1.123**	-4.290***
	-11.32	-2.64	(-9.27)
C_k_KL	0.979***	1.055***	0.913***
	-16.65	-17.09	-15.38
C_h_HL	-3.924***	-4.528***	-4.333***
	(-22.99)	(-22.01)	(-21.07)
C_n_Nr	-1.483***	-1.424***	-1.588***
	(-16.49)	(-13.94)	(-15.60)
_cons	-44.34***	-188.6***	-186.1***
	(-13.15)	(-33.17)	(-32.71)
N	28518	20829	20829

注：* 表示 $p<0.05$，** 表示 $p<0.01$，*** 表示 $p<0.001$。

第四节　稳健性检验

将样本随机分为两组进行稳健性分析，结果如表6-4和表6-5所示。从表中可以看出金融发展可以缓解融资约束，使企业出口到市场潜力更低的国家，出口目标市场数量增加。

表6-4　金融发展对市场潜力最小值的影响：稳健性检验（1）

变量	(1)	(2)	(3)	(4)	(5)	(6)
	FD_1	FD_2	FD_3	FD_1	FD_2	FD_3
FD	-0.000305***	-0.000240***	-0.000454***	-0.00102***	-0.00100***	-0.000***
	(-3.66)	(-3.41)	(-7.09)	(-10.89)	(-12.26)	(-1.99)
C_FD_ExtFin	-0.000154*	-0.000134*	-0.000154**	-0.000196**	-0.000272***	-0.000159*
	(-2.46)	(-2.48)	(-2.82)	(-2.74)	(-4.62)	(-2.49)
C_FD_Tang	0.00107***	0.000912***	0.000466**	0.000741**	0.00115***	0.000609**
	-4.970	-5.240	-2.690	-3.030	-5.810	-3.220
LogGDP	-0.0817***	-0.0723***	-0.0714***	-0.0607***	-0.0564***	-0.0482***
	(-68.58)	(-63.17)	(-65.07)	(-39.48)	(-36.26)	(-33.00)
LogGDPPer	0.131***	0.0689***	0.0653***	0.0177***	-0.002	0.005
	-30.310	-15.930	-15.120	-6.160	(-0.64)	-1.460
n	-0.0370***	-0.0137***	-0.0166***	-0.0112***	-0.00666***	-0.00436***
	(-17.41)	(-7.51)	(-9.03)	(-13.64)	(-8.92)	(-5.69)
k	-0.000589***	0.000	0.000	0.000307*	0.000582***	-0.000459***
	(-6.30)	-1.440	-1.600	-2.460	-4.270	(-3.97)
h	-0.162***	-0.116***	-0.0917***	-0.0455***	-0.0732***	-0.0710***
	(-20.19)	(-15.76)	(-11.94)	(-7.95)	(-13.54)	(-11.29)
C_k_KL	-0.00317***	-0.001	0.000	-0.00273*	-0.001	0.000
	(-3.62)	(-1.91)	(-0.57)	(-2.17)	(-1.15)	-0.440
C_h_HL	0.005	-0.00550*	-0.004	0.0295***	0.00650*	0.00953**
	-1.670	(-2.14)	(-1.54)	-9.850	-2.250	-3.230

续表

变量	(1) FD$_1$	(2) FD$_2$	(3) FD$_3$	(4) FD$_1$	(5) FD$_2$	(6) FD$_3$
C_n_Nr	0.0249***	0.0181***	0.0189***	0.00389**	0.001	0.002
	-8.530	-7.020	-7.360	-3.150	-1.340	-1.870
_cons	1.213***	2.368***	2.388***	3.219***	3.722***	3.436***
	-14.690	-28.220	-28.690	-62.700	-46.460	-44.660
N	13588	10417	10417	14930	10412	10412

注：* 表示 p<0.05，** 表示 p<0.01，*** 表示 p<0.001。

表 6-5　金融发展对出口目标数量的影响：稳健性检验（2）

变量	(1) FD$_1$	(2) FD$_2$	(3) FD$_3$	(4) FD$_1$	(5) FD$_2$	(6) FD$_3$
FD	0.0661***	0.0893***	0.0390***	0.117***	0.0219**	0.0520***
	-9.610	-11.840	-5.520	-16.050	-2.660	-7.320
C_FD_ExtFin	0.170***	0.185***	0.161***	0.209***	0.199***	0.186***
	-33.100	-31.910	-26.800	-37.450	-33.510	-29.300
C_FD_Tang	-0.0573**	-0.0681***	-0.0402*	-0.125***	-0.136***	-0.0401*
	(-3.24)	(-3.66)	(-2.11)	(-6.56)	(-6.82)	(-2.14)
LogGDP	10.88***	11.63***	12.28***	7.896***	8.269***	8.261***
	-110.900	-94.920	-101.600	-65.750	-52.760	-56.940
LogGDPPer	-3.758***	-0.436	0.617	0.035	6.923***	6.588***
	(-10.53)	(-0.94)	-1.300	-0.160	-19.250	-18.590
n2	3.019***	2.353***	2.552***	-0.879***	-0.887***	-0.466***
	-17.240	-12.010	-12.630	(-13.69)	(-11.80)	(-6.12)
k2	0.163***	0.101***	0.0945***	-0.0290**	-0.0846***	-0.010
	-21.110	-11.390	-10.320	(-2.97)	(-6.17)	(-0.87)
h	-2.013**	0.880	-1.096	8.597***	5.613***	-1.061
	(-3.04)	-1.110	(-1.30)	-19.240	-10.300	(-1.70)
C_k_KL	0.920***	1.031***	1.018***	1.157***	1.375***	1.003***
	-12.790	-14.420	-13.790	-11.750	-12.520	-10.250
C_h_HL	-3.028***	-3.612***	-3.751***	-4.593***	-5.673***	-5.064***
	(-12.50)	(-13.10)	(-13.33)	(-19.66)	(-19.49)	(-17.27)

续表

变量	(1)	(2)	(3)	(4)	(5)	(6)
	FD_1	FD_2	FD_3	FD_1	FD_2	FD_3
C_n_Nr	-4.766***	-5.406***	-5.647***	-0.986***	-0.913***	-1.071***
	(-19.81)	(-19.53)	(-19.93)	(-10.22)	(-8.26)	(-9.74)
_cons	-9.395	-99.78***	-122.7***	-72.19***	-209.5***	-199.1***
	(-1.38)	(-11.11)	(-13.38)	(-18.00)	(-25.97)	(-26.03)
N	13588	10417	10417	14930	10412	10412

注：* 表示 $p<0.05$，** 表示 $p<0.01$，*** 表示 $p<0.001$。

第五节　进一步分析

进一步地，按照经济发展水平将样本分为两组，回归结果如表 6-6 和表 6-7 所示。表中前三列是经济合作组织成员国回归结果，后三列是非经济合作组织成员国回归结果。由表 6-6 可知，金融发展对市场潜力最小值影响显著为负，但采用三个指标测度的金融发展进行回归的结果均一致表明，与发达国家相比，金融发展对发展中国家市场潜力最小值的影响效应更大。由表 6-7 可知，采用三个指标测度的金融发展对出口贸易伙伴数量影响的回归结果一致表明，发展中国家金融发展对出口目的地数量的影响效应大于发达国家的，且发展中国家金融发展在融资依赖性强的行业比融资依赖性弱的行业的影响效应比发达国家的更大。

表 6-6　金融发展对市场潜力最小值的影响：进一步分析

变量	(1)	(2)	(3)	(4)	(5)	(6)
	FD_1	FD_2	FD_3	FD_1	FD_2	FD_3
FD	-0.000707***	-0.000206***	-0.000348***	-0.00138***	-0.00112***	-0.000249**
	(-14.01)	(-3.88)	(-6.68)	(-12.12)	(-13.38)	(-3.21)
C_FD_ExtFin	-0.000310***	-0.000366***	-0.000340***	-0.0002	-0.0001	0.0000
	(-9.60)	(-9.92)	(-8.67)	(-1.66)	(-1.64)	(-0.47)

续表

变量	(1)	(2)	(3)	(4)	(5)	(6)
	FD$_1$	FD$_2$	FD$_3$	FD$_1$	FD$_2$	FD$_3$
C_FD_Tang	0.0000 -0.1300	0.0001 -0.9500	0.0001 -0.9400	0.00175*** -5.6500	0.00137*** -6.2800	0.000540* -2.5300
LogGDP	-0.0936*** (-74.50)	-0.0900*** (-69.77)	-0.0945*** (-71.97)	-0.0632*** (-58.81)	-0.0589*** (-57.30)	-0.0598*** (-57.63)
LogGDPPer	0.159*** -18.4900	0.0846*** -10.4300	0.106*** -12.7500	0.0472*** -14.7800	0.0272*** -6.4400	0.0275*** -6.3700
n	-0.0192*** (-31.15)	-0.0207*** (-32.99)	-0.0236*** (-35.41)	-0.0160*** (-12.53)	0.0006 -0.5500	0.0008 -0.6400
k	-0.000584*** (-7.80)	-0.000313*** (-4.06)	-0.000307*** (-4.08)	-0.000991*** (-3.79)	-0.000611* (-2.47)	-0.00101*** (-4.05)
h	-0.0208*** (-3.98)	0.0142** -2.7800	0.0397*** -7.3800	-0.0626*** (-9.69)	-0.0848*** (-13.76)	-0.0893*** (-13.14)
C_k_KL	0.00494*** -9.7400	0.00473*** -8.9100	0.00459*** -9.2900	-0.00705** (-2.69)	-0.00584** (-2.58)	-0.0013 (-0.57)
C_h_HL	-0.0327*** (-16.00)	-0.0332*** (-15.75)	-0.0322*** (-15.42)	0.0402*** -12.8200	0.0245*** -7.9000	0.0256*** -8.1200
C_n_Nr	0.00474*** -5.8300	0.00475*** -5.7400	0.00501*** -6.1100	0.00981*** -4.9800	0.0014 -0.7400	0.0021 -1.1300
_cons	0.390* -2.0100	2.016*** -10.7800	1.444*** -7.6000	2.647*** -44.4500	3.080*** -35.5500	3.062*** -35.2700
N	7616	7616	7616	20902	13213	13213

注：* 表示 $p<0.05$，** 表示 $p<0.01$，*** 表示 $p<0.001$。

表 6-7　金融发展对出口目标数量的影响：进一步分析

变量	(1)	(2)	(3)	(4)	(5)	(6)
	FD$_1$	FD$_2$	FD$_3$	FD$_1$	FD$_2$	FD$_3$
FD	0.0224** -3.12	0.0638*** (-8.64)	0.0443*** -5.99	0.158*** -19.73	0.154*** -20.18	0.0700*** -9.76
C_FD_ExtFin	0.170*** -37.11	0.191*** -37.08	0.169*** -30.27	0.258*** -37.06	0.212*** -32.85	0.194*** -28.92

续表

变量	(1)	(2)	(3)	(4)	(5)	(6)
	FD_1	FD_2	FD_3	FD_1	FD_2	FD_3
C_FD_Tang	-0.0337*	-0.0376*	-0.0620**	-0.203***	-0.163***	-0.0408*
	(-2.00)	(-1.99)	(-3.29)	(-9.36)	(-8.21)	(-2.07)
LogGDP	6.466***	6.361***	6.902***	9.959***	10.98***	11.00***
	-36.11	-35.46	-37.02	-132.27	-117.4	-114.54
LogGDPPer	3.967**	10.11***	4.925***	-5.574***	2.545***	3.920***
	-3.23	-8.96	-4.17	(-24.90)	-6.62	-9.81
n	-0.746***	-0.644***	-0.091	0.815***	-0.188	-0.228*
	(-8.52)	(-7.37)	(-0.96)	-9.13	(-1.75)	(-2.07)
k	0.0949***	0.0871***	0.0627***	0.138***	-0.143***	-0.125***
	-8.91	-8.13	-5.86	-7.51	(-6.35)	(-5.44)
h	-5.111***	-8.077***	-11.34***	7.677***	10.35***	5.146***
	(-6.85)	(-11.35)	(-14.83)	-16.97	-18.45	-8.19
C_k_KL	0.497***	0.494***	0.639***	2.034***	2.595***	1.687***
	-6.88	-6.68	-9.12	-11.06	-12.59	-8.06
C_h_HL	-1.017***	-0.947**	-1.378***	-5.563***	-7.653***	-6.877***
	(-3.49)	(-3.23)	(-4.64)	(-25.33)	(-27.07)	(-23.58)
C_n_Nr	-1.829***	-1.904***	-2.038***	-1.066***	-0.583***	-0.734***
	(-15.77)	(-16.53)	(-17.50)	(-7.72)	(-3.42)	(-4.20)
_cons	-115.7***	-240.7***	-123.9***	23.87***	-160.3***	-179.8***
	(-4.19)	(-9.25)	(-4.60)	-5.72	(-20.33)	(-22.39)
N	7616	7616	7616	20902	13213	13213

注：*表示 $p<0.05$，**表示 $p<0.01$，***表示 $p<0.001$。

本章小结

借鉴 Chan 和 Manova（2015）模型，利用 CEPII-BACI 数据库 1995~2011 年产品层面数据实证分析金融发展对出口目标市场选择的影响。采用商业银行及其他金融机构与 GDP 之比、流动负债与 GDP 之比以及股票市场资本量与 GDP 之比测度金融发展的实证结果一致表明，金融发展对出口市场潜力的最小值存在显著负效应，金融发展对出口目标市场存在显著正效应，这说明企业按由进口国经济规模和出口贸易成本决定的市场潜力排序来选择出口目标市场，金融发展水平高的国家或地区可以渗透到市场潜力更低的国家或地区，从而增加出口目的地数量。金融发展与外部融资依赖性对出口市场潜力最小值的影响显著为负，对出口目的地数量的影响显著为正，金融发展与资产有形性的交叉项对出口市场潜力最小值的影响显著为正，对出口目的地数量的影响显著为负，这说明与融资依赖性低的部门相比，金融发展对出口市场潜力最小值和出口目的地数量对融资依赖性强的部门影响效应更大。将样本随机分为两组进行稳健性分析，证明结论是稳健的。进一步地，对经济合作组织和非经济合作组织国进行回归的结果表明，发展中国家或地区金融发展对市场潜力最小值和出口目标市场数量的影响大于发达国家或地区，且发展中国家或地区融资依赖行业比非融资依赖行业的影响效应更大。

第七章　金融发展对出口贸易关系持续时间影响的实证研究

国际经济形势复杂多变，一国出口贸易的发展不仅需要积极开拓新的出口市场，与更多的国家建立出口贸易联系，更需要维护好已经建立的出口贸易关系，延长出口贸易关系持续时间，促进出口稳定增长。有学者认为，更高的出口绩效主要是靠深化现有出口贸易关系而不是拓展新出口贸易关系来实现（Brenton 等，2009）。因此，关注现有出口贸易关系，研究出口贸易关系持续时间具有重要意义。

贸易关系是指某一产品进入某一国国外市场直到退出该市场的状态。贸易关系持续时间（Duration of Trade Relationships）是指某一产品从进入某一国国外市场直到退出该市场持续的时间（陈勇兵、李燕，2012）。传统贸易理论关注贸易总量，忽略了出口总量增长背后的贸易动态性，认为贸易关系一旦建立就会持续下去。比较优势理论认为由国家技术水平差异导致的劳动力成本差异是国际贸易发生的原因，而国家间技术差异短期内难以改变，因此贸易关系是较稳定的；要素禀赋理论主要从国家间要素禀赋差异角度解释国际发生的原因，要素禀赋短期内难以改变，国家间要素禀赋差异是稳定的，国际贸易一旦发生，贸易关系是稳定的；贸易的搜寻成本模型认为国际贸易的过程是买卖双方搜寻的过程，搜寻成本的存在使企业一旦进入国际市场就不会轻易退出目的地市场，放弃这段贸易关系（Rauch and Watson，2003）。事实上，许多产品进入国际市场只能维持一段时间，持续出口的时间较短。Besedes 和 Prusa（2006）研究表明，美国进口贸易关系持续时间中值仅为 2~4 年。陈勇兵和李燕（2012）使用中国企业层面数据揭示了中国出口贸易关系平均持续 1.6 年，均值是 3 年。本书第四章使用 1995~2011 年 65

个国家或地区出口数据计算的出口贸易关系持续时间均值为 3.84 年，有 69.33%的产品层面出口贸易关系不超过两年，发展中国家或地区的更低，仅为 3.16 年。

为什么出口贸易关系持续时间不长呢？对该问题的回答需要分析出口贸易关系持续时间的影响因素。Besedeš 和 Prusa（2006）最先研究美国进口贸易关系持续时间，揭示了进口贸易关系持续时间较短这一事实，之后许多学者从产品层面和企业层面对贸易关系持续时间问题进行了研究，分析了贸易关系持续时间的影响因素。这些研究涉及的影响因素主要有：第一，引力模型变量，主要有双边距离、进出口规模、是否接壤、是否存在殖民关系、是否有共同语言。如 Nitsch（2009）等的研究表明。经济规模大的国家或地区之间贸易关系持续时间长、双边距离越远的国家或地区间贸易关系持续时间越短、进出口双方接壤的国家或地区贸易关系持续时间长、有共同语言的进出口双方贸易关系持续时间长、有殖民关系的进出口双方贸易持续时间长。第二，贸易政策，如关税、反倾销、自由贸易协定。Besedeš 和 Prusa（2006）等考虑了进口国关税对贸易关系持续时间的影响。Besedeš 和 Prusa（2006）认为进口关税税率提高主要通过两种途径影响贸易关系持续时间，其一是通过成本，进口国提高关税税率，进口国市场销售价格提高，迫使一些企业放弃美国市场，因此，提高进口关税会导致贸易关系持续时间缩短。其二是竞争，进口国提高关税会使美国本土企业和国外企业减少与新进入市场企业的竞争，这些企业退出市场的风险率降低，从而提高贸易持续时间。这两种作用相反的机制同时存在共同作用，最终结果取决于哪种机制更强，实证结果表明，降低关税对美国进口贸易关系持续时间有显著负效应。反倾销政策，林常青（2014）研究了美国对华反倾销对中国出口到美国贸易关系持续的影响。签订自由贸易协定的国家之间可以享受到更大幅度的关税减免和税收优惠，贸易成本会降低，贸易关系持续时间延长。Esteve-Pérez 等（2011）对西班牙的研究表明，进出口双方同属于欧元区的，贸易关系持续时间长。Obashi（2008）针对东南亚国家的研究表明，2002 年以后东南亚自由贸易区对出口贸易关系持续时间有显著正效应。第三，汇率因素。Obashi（2009）研究表明，出口国货币贬值使该国企业比其他国家企业竞争力强，出口持续时间延长。Fugazza 和 Molina

（2011）使用 96 个国家跨国数据，采用 Cox 比例风险模型的研究结果表明，真实汇率的变化对出口持续时间有显著正效应，但这种效应随贸易持续时间的增加而降低。第四，产品差异性。Besedeš 和 Prusa（2006）的研究表明，差异化产品贸易关系持续时间更长。Esteve-Pérez 等（2011）以 Grubel-Lloyd 指数作为产品差异化的代理变量，实证研究也表明差异化程度高的产品出口持续时间长。Nitsch（2009）的研究表明，替代弹性低和差异化程度高的产品进口贸易持续时间长。第五，产品单位价值。Besedeš 和 Prusa（2006）考虑了产品单位价值变异系数，验证了产品变异系数对出口持续时间有显著正效应。Nitsch（2009）进一步指出，单位价值高的产品可能有较高的出口复杂度，因此与出口持续时间正相关。第六，其他产品特征。Obashi（2009）和 Besede（2008）的研究考虑了零部件与最终产品出口持续时间的影响，前者的研究表明零部件部门贸易关系持续的时间更长，而后者的研究表明中间产品的贸易关系不稳定，持续的时间短。第七，初始贸易量。Besedeš 和 Prusa（2008）研究了初始贸易量出口贸易关系持续时间的影响。Esteve-Pérez 等（2011）针对西班牙出口企业的研究进一步表明，企业对初始贸易额大的贸易关系有信心，贸易持续时间延长。第八，金融发展。Jaud 等（2009）对 143 个国家出口到 OECD 国家的跨国数据采用分层 Cox 比例风险模型的实证研究表明，从金融发达的地区出口产品比从金融欠发达地区出口产品贸易关系持续时间长，发达经济体外部融资依赖产业出口产品持续时间长。吴晓怡和邵军（2014）采用 1997~2011 年 HS 6 分位产品层面数据，利用 Cox 比例风险模型研究了金融发展对中国贸易关系持续时间的影响，并采用 Weibull 风险模型和指数风险模型进行稳健性检验，研究结果表明金融发展可以缓解融资约束进而有利于贸易关系持续，与高融资行业相比，金融发展对融资依赖程度低的行业的出口贸易关系持续时间影响更大。第九，企业特征。企业特征变量主要包括企业规模、成立时间、生产率和研发支出。Esteve-Pérez 等（2011）的研究考虑了企业规模和成立时间对出口贸易关系持续时间的影响，理论预期企业规模和成立时间对出口贸易关系持续时间有促进作用，但是实证研究结果表明，企业规模和成立时间对出口贸易关系持续时间有显著负效应。陈勇兵（2012）的研究表明，企业规模对出口贸易关系有显著正效应，而企业成立时间对出口贸易关系持续时间有显著负效应。Esteve-Pérez 等（2011）、Gorg 等（2008）、Nair-Reichert（2009）、陈勇兵和李燕（2012）研究表明，企业生产率对出口贸易关系持续时间有显著正效应。Besedes 和 Reichert（2009）研究考虑了企业研发支出，但是实证结果不显著。

由第二章文献综述可知，现有金融发展对出口贸易的影响主要关注金融发展对出口贸易总量、出口结构、出口技术复杂度以及国际收支差额的影响，新新贸易理论产生后，学者主要关注企业融资约束对出口贸易参与以及出口量、出口集约边际和扩展边际的影响，较少关注金融发展对出口贸易持续时间的影响。而现有关于贸易关系持续时间的研究较少考虑金融发展因素的影响。只有 Jaud 等（2009）与吴晓怡和邵军（2014）研究了金融发展对出口贸易关系持续时间的影响。Jaud 等（2009）主要揭示了国家间金融发展差异对贸易关系持续时间的影响。吴晓怡和邵军（2014）则关注一国金融发展对出口持续时间的影响。然而，这两篇文献没有区分金融发展对出口贸易关系持续时间的影响与金融发展对出口关系持续时间影响在融资依赖程度强的行业和融资依赖程度弱的行业的差异的影响。

为此，本章利用 1995~2011 年 65 个国家或地区出口到中国产品层面数据，采用 Cox 比例风险模型研究金融发展对出口贸易关系持续时间的影响，并比较融资依赖程度不同的行业金融发展对出口贸易关系持续时间的差异性；采用另外两个测度金融发展的指标以及指数风险模型和 Weibull 风险模型进行稳健性分析。

第一节　计量模型设定及变量说明

一、计量模型设定

研究金融发展、融资约束对出口贸易关系持续时间的影响应该以出口贸易关系持续时间为因变量，以金融发展为自变量，其他影响出口贸易关系持续时间的变量为控制变量。然而，如果这样设定模型，随机误差项服从非对称、双中心的非标准正态分布，传统计量方法难以处理该问题。因此，大多数研究出口贸易关系持续时间的实证文献不以贸易关系持续时间为因变量，而用风险率为因变量。借鉴 Besedes 和 Prusa（2006）、Besedes 和 Nair-Reicert（2009）、邵军（2011）、吴晓怡和邵军（2011）以及李永等（2013）的方法，设定以下 Cox 比例风险模型研究金融发展对出口持续时间的影响：

$$h(t, x, \beta) = h_0(t)\exp(\beta_1 \times FD_j + \sum_{l=1}^{m}\beta_l x_{lt_n} + \delta_m + \varepsilon_{jmst_n}) \tag{7-1}$$

式（7-1）中，$h(t, x, \beta)$ 表示具有协变量的个体在时刻 t 的风险率。风险率是指出口贸易关系持续到 t 期即在 t 期结束的概率。风险率越高意味着出口贸易关系终止的概率越高，出口贸易关系持续时间越短。风险率可以分解为基准风险率 $h_0(t)$ 和条件风险率 $\phi(x, \beta)$。基准风险率 $h_0(t)$ 仅仅是时间的函数，反映风险因素随时间推移而变化的过程，且假定与 $h(t, x, \beta)$ 成比例。条件风险率 $\exp(\beta_1 \times FD_j + \sum_{l=1}^{m}\beta_l x_{lt_n} + \delta_m + \varepsilon_{jmst_n})$ 反映影响不随时间推移而变化的风险因素导致风险出现的条件概率。x 为风险因素，β_l 为待估系数。如果估计 β_l 值显著小于 0，说明风险因素 x_l 降低了出口风险率，该因素有利于出口贸易关系持续时间的延长。如果保持其他因素不变，影响风险率的因素 x_l 增加一单位，有 $h'(t, x, \beta) = [h_0(t)\exp(\beta_1 \times FD_j + \sum_{l=1}^{m}\beta_l x_{lt_n} + \delta_m + \varepsilon_{jmst_n})]'$，进一步 $\frac{h'(t, x, \beta)}{h(t, x, \beta)} = \exp(\beta_l)$，变化后的风险率是变化前风险率的 $\exp(\beta_l)$ 倍，由此，β_l 的系数表示在保持其他因素不变的条件下，风险因素 x_l 增加一单位会导致风险率增加 $100 \times [1-\exp(\beta_l)]\%$。

二、变量说明

影响出口贸易关系持续时间（风险率）的因素主要有：

1. 出口国或地区金融发展水平（FD_{jt_0}）

出口国或地区金融发展水平是本书主要关心的变量。前文研究表明金融发展可以缓解外部融资约束，降低融资成本进而延长出口贸易关系持续时间。金融发展还可以降低出口风险率。由此，出口国或地区金融发展水平的影响系数 β_1 预期显著为负。

2. 初始贸易量 V_{jmit_0} 和 V_{jmt_0}

V_{jmit_0} 表示出口贸易关系开始 t_0 时出口国或地区 j 向进口国或地区 m 出口的 i 产品的量，V_{jmt_0} 表示出口国或地区 j 与进口国或地区 i 所有产品双边贸易量。在贸易关系开始时，出口企业对进口国或地区市场信息了解不多，往往从小额贸易开始，然后逐渐扩大贸易量。较大的初始贸易额或许代表了贸易双方彼此的了解与信任（Rauch and Watson，2003；Silviana 等，2007）。由此，引入初始贸易量作为贸易双方彼此了解与信任的代理变量，初始贸易量越大，进出口双方了解信任程度越强，出口风险率越低，贸易关系持续的时间越长。因此初始贸易量 V_{jmit_0} 和 V_{jmt_0} 对出口风险率的影响预期显著为负。

3. 出口国或地区数量（Nu_{mit_0}）

Nu_{mit_o} 表示出口贸易关系开始 t_0 时进口国或地区 m 市场上 i 产品的出口国或地区数量（Nu_{mit_0}），其大小对出口贸易关系持续时间（风险率）的影响可以从两方面理解：其一，出口贸易关系开始时，i 产品出口到进口国或地区 m 的国家数量越多，说明该进口国市场潜力越大，对出口企业的吸引力越大，越容易维持出口贸易关系，因此对风险率影响预期为负；其二，出口国或地区 j 与进口国或地区 m 贸易关系开始时 i 产品的进口来源地数量越多，说明进口国或地区 m 在产品 i 上市场竞争越激烈，更激烈的市场竞争会迫使新进入进口国或地区的企业退出市场，风险率增加，不容易维持较长时间的贸易关系，因此对风险率影响预期为正。这两种效应同时存在，进口国或地区市场上出口国数量对风险率的影响不确定。

4. 贸易关系开始时进出口双方经济总量（GDP_{jt_0} 和 GDP_{mt_0}）。

出口国或地区 GDP 越大，生产能力越强，越容易维持较长时间的出口贸易关系，因此对风险率影响预期为负。进口国或地区 GDP 越大说明该国或该地市场容量越大，总体来看进口需求越大，需求越稳定。保持其他因素不变的情况下，出口国或地区进入该国或该地越容易，越容易形成出口贸易关系。因此，进口国或地区 GDP 对风险率影响的预期为负。

5. 贸易关系开始时进出口双方收入水平（$GDPPer_{jt_0}$ 和 $GDPPer_{mt_0}$）。

收入水平高的发达国家或地区在资本技术密集型商品生产上有优势，出口产品的单位价值较高，出口复杂度也较高。已有研究表明，出口单位价值高的产品贸易关系持续时间更长（Nitsch，2009），出口技术复杂度高的产品贸易关系持续时间更长（陈晓华，2015）。因此，出口国或地区收入水平对风险率的影响预期为负，收入水平高的国家或地区出口贸易关系持续时间更长。进口国或地区的收入水平对贸易关系持续时间的影响可以从以下两方面理解：其一是进口国或地区人均 GDP 越高，对进口商品的购买能力越强，越容易形成贸易关系，因此进口国或地区人均 GDP 对风险率的影响预期为负（李勇等，2013）；其二是收入水平高的国家或地区更容易受到需求冲击的影响，需求冲击降低了企业生存的概率（Jaud 等，2009）。进口国或地区收入水平对风险率的影响预期为正，出口贸易关系不容易持续。因此，进口国或地区收入水平对出口贸易关系持续时间的影响不确定。

6. 引力模型的其他变量

陈勇兵等（2012）的研究表明，引力模型可以解释出口贸易关系持续时间的影响。本书在控制变量中引入引力模型的其他变量国家或地区间地理距离、国家间或国家与地区间是否接壤、是否有共同语言、是否有殖民联系。国家间或国家与地区间地理距离越远，交通运输成本越大，出口的可能性降低，风险率越高，因此国家间或国家与地区间地理距离对风险率影响预期为负；地理位置邻近的国家或地区出口运输成本较低，更容易了解进口国或地区市场需求信息以及进口国或地区经济贸易政策，因此是否接壤对出口风险率影响预期为负；如果进出口双方有共同的文化渊源，国家间或国家与地区间居民更容易形成共同的需求偏好，出口企业也更容易了解进口国或地区消费者需求，选择是否有共同语言和历史上是不是殖民地作为双方文化的代理变量，这两个变量对风险率的影响预期为负。

7. 各种固定效应（δ_m）

已有研究虽然揭示了一些影响出口贸易时间的其他因素，但仍然存在一些未被揭示的影响出口贸易关系持续时间的因素。本书引入出口国或地区固定效应、产业固定效应、时间固定效应、出口国或地区-时间固定效应和产业时间固定效应来解决遗漏变量偏误带来的估计结果不准确的问题。

第二节　数据来源及处理

一、数据来源

出口贸易关系持续时间是指某一产品从进入国外某一市场直到退出该市场（中间没有间隔）的时间（Besede and Pruza，2006；陈勇兵、李燕，2012），即某出口国 j 将产品 i 出口到进口国（中间未间断）持续的年数。本书采用 1995~2011 年金融发展及其他控制变量数据可获得的 65 个国家或地区出口到中国市场 HS 6 分位产品数据进行研究①，在产品层面计算出口贸易关系持续时间。原始数据来源于 CEPII-BACI 数据库，使用 HS 6 分位海关编码与国际标准产业分类对应表将制造业数据对应到产业层面，在 28 个制造业产业层面控制产业固定效应。

采用商业银行及其他金融机构贷款与 GDP 之比、金融机构流动负债与 GDP 之比以及股票市场资本额与 GDP 之比来反映金融发展。数据来源于世界银行金融结构数据库，其他控制变量的数据来源如表 7-1 所示。

表 7-1　变量说明及数据来源

变量名称	变量说明	数据来源
FD_1	商业银行及其他金融机构贷款与 GDP 之比	世界银行金融结构数据库（Financial Structure Database）
FD_2	流动负债与 GDP 之比	
FD_3	股票市场资本总额与 GDP 之比	
ExtFin	行业融资依赖型	Braun（2003）
Tang	行业资产流动性	
V_{jmit_0}	出口贸易关系开始时 i 产品初始贸易量	CEPII-BACI 数据库
V_{jmt_0}	出口贸易关系开始时初始贸易量	

① 这 65 个国家或地区的情况见表 3-9。

续表

变量名称	变量说明	数据来源
Nu_{mit_0}	出口贸易关系开始时 t_0 进口国或地区 m 市场上 i 产品的出口国或地区数量	CEPII-BACI 数据库
GDP_{jt_0}	出口贸易关系开始时出口国或地区 GDP	PWT8.0
GDP_{mt_0}	出口贸易关系开始时进口国或地区 GDP	PWT8.0
$GDPPer_{jt_0}$	出口贸易关系开始时出口国或地区人均 GDP	PWT8.0
$GDPPer_{mt_0}$	出口贸易关系开始时进口国或地区人均 GDP	PWT8.0
$Distw_{jm}$	按人口加权的首都地理距离	CEPII Distw 数据库
contig2	是否接壤	CEPII Distw 数据库
Comlang_off	是否有共同语言	CEPII Distw 数据库
colony2	是否有殖民联系	CEPII Distw 数据库

二、数据说明

出口贸易关系持续时间数据处理需要说明以下三点：其一，数据左截取问题。由于样本选择的是 1995~2011 年数据，无法知道 1995 年以前产品出口状况，如果产品在 1995 年有出口，将无法知道确切的出口时间，如果忽略该问题，将会低估贸易关系的持续时间，出现数据左截取问题。因此本书选择了 1995 年不出口而 1996 年出口的产品种类。其二，数据右截取问题。由于不知道 2011 年以后产品是否停止出口以及如果停止出口的时间，因此数据存在右截取的问题。使用生存分析方法可以恰当处理右截取的问题。其三，多时间段问题。在一段时期内，某种产品进入境外市场持续出口一段时间后有可能退出该市场，中间停止出口一段时间后有可能再次进入该市场，即同一出口贸易关系可能存在多个持续时间段。Besedeš 和 Prusa（2006）的研究表明，存在多个持续时间段时可以将第一持续时间段作为唯一时间段处理，也可以将多个持续时间段视为相互独立的若干时间段处理。这两种方法下出口贸易关系持续时间分布基本相同。因此，本书采用将多个时间段的第一时间段作为唯一持续时间段的处理方法。

第三节 实证结果分析

一、Kaplan-Meier 生存函数与累计风险曲线

出口贸易关系生存曲线和累计风险曲线如图 7-1 和图 7-2 所示。从图 7-1 可以看出，这 65 个国家或地区出口贸易关系生存概率在第 1 年末约为 78%，第 5 年末约为 55%，这意味着近一半的出口贸易关系没有超过 5 年。由图 7-2 可知，第 2 年末累计终止概率已超过 33%，第 5 年末超过 50%，一半以上的贸易关系在 5 年终止，与持续 17 年的样本期相比出口持续时间较短。

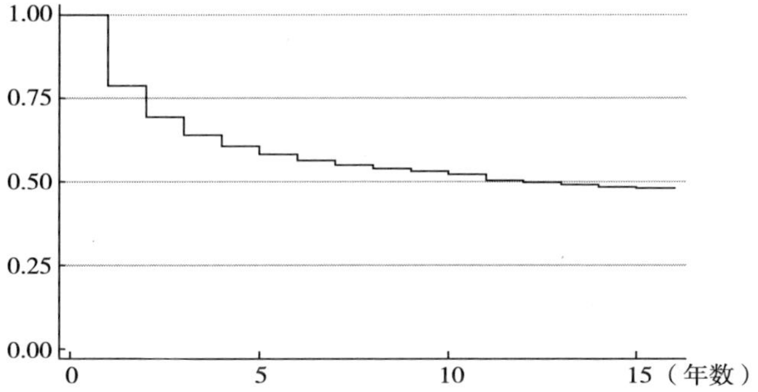

图 7-1 出口贸易关系生存曲线

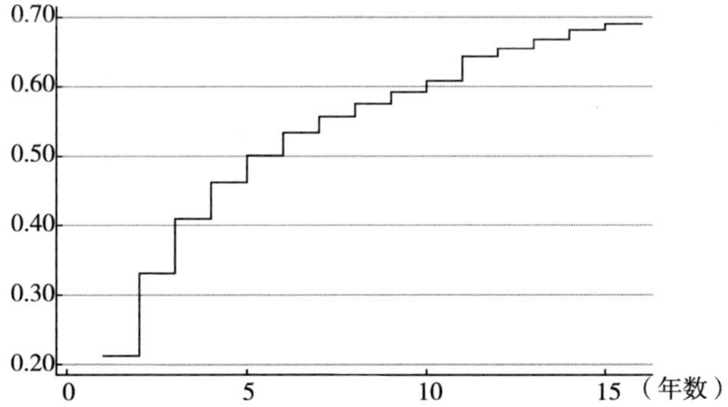

图 7-2 出口贸易关系累计风险曲线

二、基准回归结果

以商业银行及其他金融机构贷款与 GDP 之比作为金融发展的代理变量，用 Cox 比例风险模型估计式（7-1），分析金融发展对出口贸易关系持续时间影响的结果如表 7-2 所示。表 7-2 第（1）~第（4）列分别列出了控制出口国或地区、出口产业和出口时间固定效应后出口国或地区金融发展、加入初始贸易量、进出口国或地区 GDP、进出口国或地区人均 GDP 以及其他引力方程的控制变量后回归的结果。表中的系数报告的是相关系数而不是风险率。由回归结果可知：

表 7-2　金融发展对出口关系持续时间的影响：基准回归

变量	(1)	(2)	(3)	(4)	(5)
FD_1	-0.00278*** (-26.22)	-0.00224*** (-22.04)	-0.00282*** (-27.43)	-0.00173*** (-12.99)	-0.00133*** (-9.75)
LnV_jmi		-0.276*** (-100.40)	-0.254*** (-90.96)	-0.230*** (-81.52)	-0.227*** (-80.28)
LnV_jm		-0.145*** (-47.45)	-0.237*** (-74.39)	-0.181*** (-41.71)	-0.0675*** (-10.45)
Nu_mi			-0.0516*** (-60.47)	-0.0581*** (-68.38)	-0.0608*** (-70.81)
LnGDP_i				-0.0600*** (-10.89)	-0.176*** (-22.16)
LnGDP_j				-2.098*** (-9.07)	-2.332*** (-9.92)
LnGDPPer_i				-0.0758*** (-8.56)	-0.219*** (-20.22)
LnGDPPer_j				46.14*** (-12.87)	45.54*** (-12.52)
LnDistw2					0.370*** -27.92
contig2					0.129*** -6.2
comlang_off2					-0.0264 (-1.13)

续表

变量	(1)	(2)	(3)	(4)	(5)
colony2					0.0986 -1.32
N	607761	607761	607761	607761	607761

注：* 表示 p<0.05，** 表示 p<0.01，*** 表示 p<0.001。

1. 金融发展的影响

解释变量金融发展（FD_1）回归系数在1%的显著性水平上显著为负，说明金融发展降低了出口风险率。因此，金融发展可以缓解外部融资约束，延长出口贸易关系持续时间。符合本书理论预期，验证了命题4-7。第（5）列中相关系数为-0.00133，表明保持其他因素不变，金融发展水平提高一单位，出口风险率将下降0.133%。

2. 初始贸易量的影响

控制变量初始贸易量 V_{jmit_0} 和 V_{jmt_0} 在回归系数1%的显著性水平上显著为负，说明出口贸易关系开始时第 i 种产品上双边贸易量和所有产品上双边贸易量降低了出口风险率。因此初始贸易额越大，进出口双方彼此了解和信任程度越大，越有利于维持出口贸易关系。

3. 出口国或地区数量的影响

出口贸易关系开始时进口国或地区 m 市场上 i 产品的出口国或地区数量 Nu_{mit_0} 在回归系数1%的显著性水平上显著为负，说明出口国或地区数量越多风险率越低。出口国或地区数量越多说明该市场越有吸引力，该进口国或地区可以与更多的国家或地区建立贸易关系，进而有利于延长出口贸易持续时间。

4. 进出口国或地区 GDP 的影响

出口国或地区 GDP 和进口国或地区 GDP 回归系数在1%的显著性水平上显著为负，符合理论预期。说明出口国或地区经济规模越大，生产能力越强，退出进口国或地区市场的风险率越低。经济规模大的国家或地区更容易维持较长时间的出口贸易关系。进口国或地区经济规模越大，市场需求越大，对进口国或地区产品需求量越大，有利于出口贸易关系持续时间的延长。

5. 进出口国或地区人均 GDP 的影响

出口国或地区人均 GDP 在 1%的显著性水平上显著为负，符合理论预期。经济发展水平高的国家或地区在资本技术密集型产品上有优势，生产的产品单位价值更高，出口技术复杂度高，出口贸易关系一旦形成，更容易维持。因此，收入水平高的国家或地区有利于延长出口贸易关系持续时间。进口国或地区人均 GDP 在 1%的显著性水平上显著为正，这一结果与 Jaud 等（2009）的研究结果相同。尽管收入水平高的进口国或地区居民市场购买力强，容易形成贸易关系，但是高收入国家或地区更容易受到需求冲击的影响而中断现有的贸易关系，因此，进口国或地区人均 GDP 对出口风险率影响存在负效应。

6. 双边地理距离的影响

国家或地区间地理距离的回归系数在 1%的显著性水平上显著为正，符合理论预期。地理距离相距较远的国家或地区出口运输成本较高，货物交付过程中遇到的不确定性因素更多，风险率更高。因此，国家或地区间地理距离不利于出口关系持续时间的延长。

7. 引力模型其他变量的影响

国家间或国家与地区间是否接壤的回归系数在 1%的显著性水平上显著为负，地理位置邻近的国家或地区出口运输成本较低，更容易了解进口方市场需求信息及相关贸易政策，更容易建立并维持出口贸易关系。文化因素的代理变量是否有共同语言和殖民联系的回归系数不显著，这主要是由于 65 个进出口国或地区之间历史上没有共同的文化渊源。

第四节　稳健性分析

采用以下两种方法对计量结果进行稳健性检验：其一是采用不同的金融发展测

度指标；其二是采用指数风险模型和 Weibull 风险模型两种参数风险模型进行检验。

一、采用其他金融发展测度指标的稳健性分析

采用流动负债与 GDP 之比和股票市场资本总额与 GDP 之比来测度金融发展，对金融发展对出口贸易关系持续时间进行稳健性分析，回归结果如表 7-3 所示。表中第（1）、第（3）列和第（2）、第（4）列分别是采用流动负债与 GDP 之比和股票市场资本总额与 GDP 之比并控制了国家或地区、产业和时间固定效应后的回归结果。从表中的回归结果可以看出，采用这两个指标测度的金融发展在 1%的显著性水平上对出口风险率存显著负效应。因此，金融发展有利于延长出口贸易关系持续时间。其他主要控制变量如贸易关系开始时初始贸易量、进口国或地区市场上出口国或地区数量、出口国或地区与进口国或地区 GDP、出口国或地区与进口国或地区人均 GDP、双边地理距离、是否接壤、是否存在共同的语言、是否有共同的殖民关系回归系数的符号与表 7-2 的结果相同，回归系数值与表 7-1 中结果相近。这说明表 7-2 中的回归结果是稳健的。

表 7-3 采用其他金融发展测度指标的稳健性检验

变量	(1)	(2)	(3)	(4)
FD_2	-0.00465*** (-49.68)		-0.00356*** (-26.05)	
FD_3		-0.00259*** (-34.31)		-0.00157*** (-13.75)
LnV_jmi			-0.225*** (-79.82)	-0.225*** (-79.59)
LnV_jm			-0.0655*** (-10.12)	-0.0487*** (-7.42)
Nu_mi			-0.0622*** (-72.25)	-0.0612*** (-71.06)
LnGDP_i			-0.187*** (-23.55)	-0.184*** (-22.99)

续表

变量	(1)	(2)	(3)	(4)
LnGDP_j			-2.324*** (-9.84)	-2.410*** (-10.21)
LnGDPPer_i			-0.139*** (-13.61)	-0.251*** (-27.57)
LnGDPPer_j			45.50*** -12.45	46.32*** -12.68
LnDistw2			0.302*** -22.65	0.376*** -28.13
contig2			0.293*** -13.71	0.234*** -10.43
comlang_off2			0.118*** -5.1	-0.149*** -5.77
colony2			-0.166* (-2.21)	-0.0112 (-0.15)
N	607761	607761	607761	607761

注：* 表示 p<0.05，** 表示 p<0.01，*** 表示 p<0.001。

二、采用参数风险模型的稳健性分析

Cox 比例风险模型的主要优势在于没有假定生存时间的分布，不需要事先设定基准风险函数，是非参数模型，模型灵活。但 Cox 比例风险模型难以控制不可观测的异质性，可能导致估计结果不准确。为此，本书采用指数风险模型和 Weibull 风险模型两种参数风险模型进行检验以控制不可观测的异质性，其回归结果如表 7-4 所示。

表 7-4 第（1）~第（3）列是指数风险模型的回归结果，第（4）~第（6）列是 Weibull 模型回归结果。第（1）列和第（4）列采用商业银行及其他金融机构与 GDP 之比测度金融发展，第（2）列和第（5）列采用流动负债与 GDP 之比测度金融发展，第（3）列和第（6）列采用股票市场总资本与 GDP 之比测度金融发展。由第（1）~第（6）列回归结果可知，不管是采用指数风险模型还是

Weibull 风险模型，金融发展对风险率影响的回归系数在 1%的显著性水平上显著为负，回归系数值相近。表 7-4 内其他控制变量回归系数符号一致，再次证明本书的结论是稳健的。

表 7-4　采用其他参数风险模型的稳健性检验

变量	(1)	(2)	(3)	(4)	(5)	(6)
	FD_1	FD_2	FD_3	FD_1	FD_2	FD_3
FD	-0.00229***	-0.00432***	-0.00195***	-0.00245***	-0.00443***	-0.00199***
	(-16.49)	(-30.92)	(-17.21)	(-17.52)	(-31.59)	(-17.54)
LnV_jmi	-0.298***	-0.296***	-0.296***	-0.310***	-0.308***	-0.307***
	(-109.28)	(-108.80)	(-108.46)	(-109.81)	(-109.38)	(-108.86)
LnV_jm	-0.120***	-0.119***	-0.0952***	-0.129***	-0.129***	-0.103***
	(-18.52)	(-18.32)	(-14.45)	(-19.90)	(-19.75)	(-15.63)
Nu_mi	-0.0747***	-0.0762***	-0.0754***	-0.0768***	-0.0784***	-0.0774***
	(-88.71)	(-90.34)	(-89.16)	(-90.21)	(-91.86)	(-90.53)
LnGDP_i	-0.238***	-0.241***	-0.245***	-0.246***	-0.248***	-0.252***
	(-29.74)	(-30.05)	(-30.14)	(-30.58)	(-30.75)	(-30.87)
LnGDP_j	-1.745**	-1.729**	-1.798**	-0.111	-0.211	-0.338
	(-3.05)	(-3.08)	(-3.13)	(-0.08)	(-0.16)	(-0.26)
LnGDPPer_i	-0.289***	-0.218***	-0.356***	-0.298***	-0.229***	-0.371***
	(-26.64)	(-21.12)	(-39.38)	(-27.40)	(-22.08)	(-40.73)
LnGDPPer_j	23.13**	23.32**	23.42**	-4.425	-2.396	-1.33
	-2.6	-2.67	-2.62	(-0.21)	(-0.12)	(-0.07)
LnDistw2	0.468***	0.389***	0.482***	0.481***	0.400***	0.496***
	-34.53	-28.37	-35.03	-35.22	-29	-35.74
contig2	0.128***	0.317***	0.244***	0.123***	0.315***	0.239***
	-6.09	-14.61	-10.75	-5.85	-14.5	-10.5
comlang_off2	-0.106***	0.0797***	0.118***	-0.115***	0.0773***	0.115***
	(-4.57)	-3.43	-4.55	(-4.92)	-3.32	-4.44
colony2	-0.172*	-0.437***	-0.264***	-0.205**	-0.470***	-0.290***
	(-2.31)	(-5.85)	(-3.52)	(-2.76)	(-6.29)	(-3.87)
_cons	133.8**	134.6**	136.1**	-13.95	-3.123	3.534
	-2.76	-2.83	-2.8	(-0.12)	(-0.03)	-0.03

续表

变量	(1)	(2)	(3)	(4)	(5)	(6)
	FD_1	FD_2	FD_3	FD_1	FD_2	FD_3
_cons				0.0831***	0.0838***	0.0793***
				-16.94	-17.17	-16.22
N	607761	607761	607761	607761	607761	607761

注：*表示 p<0.05，**表示 p<0.01，***表示 p<0.001。

第五节　进一步分析

本书引入金融发展与外部融资依赖性、金融发展与资产有形性交叉项来研究金融发展对出口贸易关系持续时间的行业差异，采用 Cox 比例风险模型的回归结果如表 7-5 所示。表 7-5 中第（1）、第（2）和第（3）列分别是用商业银行及其他金融机构贷款与 GDP 之比、流动负债与 GDP 之比以及股票市场资本总额与 GDP 之比结果。可以看出金融发展对出口风险率的影响显著为负，金融发展与外部融资依赖性交叉项系数分别在 5%、1%和 0.1%的显著性水平上显著，金融发展与资产流动性较差项系数在 0.1%的显著性水平上显著为正。由此可知，与融资依赖程度低的行业相比，金融发展对融资依赖行业出口贸易关系持续时间的影响效应更大。

表 7-5　融资依赖程度不同的产业分析

变量	(1)	(2)	(3)
FD_1	-0.00254***	-0.00460***	-0.00236***
	(-12.27)	(-22.90)	(-12.04)
C_FD_1_ExtFin	-0.000283*	-0.000478**	-0.000752***
	(-1.98)	(-2.58)	(-3.67)
C_FD_1_Tang	0.00421***	0.00384***	0.00318***
	-10.33	-9.73	-7.65

续表

变量	(1)	(2)	(3)
LnV_jmi	-0.228*** (-80.42)	-0.226*** (-79.89)	-0.225*** (-79.53)
LnV_jm	-0.0690*** (-10.68)	-0.0665*** (-10.27)	-0.0490*** (-7.46)
Nu_mi	-0.0598*** (-68.83)	-0.0611*** (-70.28)	-0.0604*** (-69.60)
LnGDP_i	-0.176*** (-22.14)	-0.187*** (-23.56)	-0.184*** (-22.95)
LnGDP_j	-2.307*** (-9.81)	-2.298*** (-9.73)	-2.383*** (-10.11)
LnGDPPer_i	-0.216*** (-19.98)	-0.138*** (-13.46)	-0.249*** (-27.45)
LnGDPPer_j	45.16*** -12.4	45.08*** -12.33	45.87*** -12.58
LnDistw2	0.367*** -27.69	0.300*** -22.52	0.374*** -28
contig2	0.127*** -6.12	0.289*** -13.52	0.231*** -10.25
comlang_off 2	-0.0289 (-1.24)	0.115*** -4.95	0.149*** -5.76
colony2	0.0913 -1.22	-0.172* (-2.29)	-0.0111 (-0.15)
N	607761	607761	607761

注：* 表示 $p<0.05$，** 表示 $p<0.01$，*** 表示 $p<0.001$。

本章小结

本章关注金融发展对出口贸易关系持续时间的影响。在产品层面定义出口贸易关系持续时间，利用 65 个国家或地区的 CEPII-BACI 产品层面数据，采用 Cox

比例风险模型研究金融发展对出口贸易关系持续时间的影响，控制了出口贸易关系开始时初始贸易量、引力模型变量后金融发展对出口风险率有显著负效应，表明金融发展可以促进出口贸易关系持续时间的延长。采用金融发展的其他测度指标进行稳健性分析，也采用指数风险模型以及 Weibull 风险模型进行稳健性分析，克服了不可观测的异质性影响，结论依然成立。引入金融发展与外部融资依赖性、金融发展与资产有形性的交叉项，表明与融资依赖性低的行业相比，融资依赖性高的行业金融发展对出口贸易关系持续时间的影响更大。出口国或地区 GDP、进口国或地区 GDP、出口国或地区人均 GDP、进口国或地区人均 GDP 的提高有利于延长出口贸易关系持续时间。

第八章　研究结论及政策建议

第一节　主要结论

本书关注了金融发展对出口三元边际（产品种类扩展边际、数量边际和价格边际）的影响，金融发展对出口目标市场选择的影响以及金融发展对出口贸易关系持续时间的影响，并从融资约束缓解角度解释了结论。本书拓展了对金融发展、融资约束对出口二元边际影响的研究，丰富了国际贸易中金融因素的相关研究成果。通过研究得出以下结论：

一、关于全球金融发展与出口贸易发展的特征性事实

全球金融发展迅速，金融资产总量迅速增加，资产证券化趋势明显，金融发展日益全球化，金融监管日益国际化、放松化，金融工具持续创新，银行国际化步伐加快，银行资本向大银行集中。收入水平不同的国家在金融资产总量、结构和证券市场发展状况等方面存在差异。

全球出口贸易发展迅速，采用 Hummuls 和 Klenow（2005）的研究方法将全球主要国家出口贸易分解为出口种类扩展边际、数量边际和价格边际，出口相对份额高的国家出口扩展边际和数量边际大，发达国家出口价格边际高。随着出口贸易的发展，出口扩展边际和价格边际呈下降趋势。全球主要国家或地区出口目的地数量在增加，发展中国家或地区出口目的地数量也在增加；出口贸易关系持

续时间短。采用 1995~2011 年 65 个国家或地区出口数据计算的出口贸易关系持续时间均值为 2. 88 年，60. 36%的出口贸易关系只能维持一年，71. 16%的贸易关系持续时间不超过两年。

金融发展水平不同的国家或地区出口贸易存在显著差异，主要表现在金融发展水平高的国家或地区出口产品种类扩展边际、价格边际和数量边际均高于金融发展水平低的国家或地区，本书计算的金融发展水平高的国家或地区扩展边际和价格边际分别是金融发展水平低的国家或地区的 3 倍和 1. 15 倍；金融发展水平低的国家或地区的数量边际是金融发展水平高的国家或地区的 1. 7 倍。金融发展水平高的国家或地区出口目标市场数量均值高于金融发展水平低的国家或地区，2013 年出口目标市场数量均值分别是 195. 94 和 165. 28；金融发展水平高的国家或地区出口贸易关系持续时间长于金融发展水平低的国家或地区，分别是 4. 16 和 3. 85，金融发展水平高的国家或地区有 69. 33%的出口贸易关系持续时间不超过两年，低于金融发展水低的国家或地区的 75. 96%。

二、关于金融发展、融资约束对出口三元边际的影响

目前金融发展对出口三元边际的影响研究尚未形成统一的理论框架，本书以 Manova（2008）和 Fan 等（2015）的研究为基础分析了金融发展对出口三元边际的影响机制。

企业出口前需要投入大量固定成本，单靠企业营业现金流和留存收益进行内部融资难以满足企业资金需求，企业面临融资约束。面临融资约束的企业需抵押资产在资本市场获得外部融资。金融发展提高了信贷合同被执行的概率，缓解了企业融资约束，降低了企业出口生产率的分界点，企业出口的概率增加，出口企业数量增加，出口产品种类增加。与非融资依赖行业相比，金融发展对出口可能性、出口企业数量和出口产品种类数的影响在融资依赖行业的效应大。Fan 等（2015）研究表明融资约束影响出口产品质量（价格），金融发展缓解融资约束，企业可以更高的价格出口更高质量的产品。

第五章采用 Hummuls 和 Klenow（2005）的研究方法将 1995~2011 年 118 个

出口国或地区和96个进口国或地区HS 6分位产品出口数据分解为出口产品种类扩展边际、数量边际和价格边际，以商业银行及其他金融机构贷款与GDP之比测度金融发展水平，用Heckman两阶段回归模型克服样本选择性偏差，以法律制度为工具变量解决内生性问题实证分析金融发展对出口三元边际的影响，从融资约束缓解角度解释结论。研究结果表明，金融发展对出口产品种类扩展边际、数量边际和价格边际有显著促进作用。金融发展主要通过扩展边际提高出口相对份额，采用分组回归和改用其他金融发展测度指标方法进行的稳健性分析表明结论是稳健的。进一步分析表明，随着全球金融和出口贸易发展，金融发展对出口扩展边际和数量边际的影响效应在减弱，对出口价格边际的影响效应在增强。金融发展主要通过扩展边际来影响出口，价格边际的作用最弱，但是随着全球金融和出口贸易的发展，金融发展对价格边际的促进作用超过对数量边际的促进作用。

三、关于金融发展、融资约束对出口目标市场选择的影响

本书考虑了出口目的地市场的异质性，以Chan和Manova（2015）的研究模型为基础，分析金融发展对出口目标市场选择的影响机制。不同国家或地区市场规模和贸易成本不同，贸易成本低的大经济体市场潜力大，容易成为出口目标市场，这产生了基于市场潜力排序的目的地。异质性企业贸易成本因出口目的地市场不同而不同，企业需要为其进行出口贸易的固定成本和可变成本融资。由于金融市场不完善，借款人面临坏账风险，面临流动性约束的企业在资本市场上融资需要抵押资产。异质性企业出口到更多目的地市场可以获得利润的同时也带来了成本的上涨，为这些成本融资需要抵押更多资产。追求利润最大化的企业只能按照可获得利润大小顺序（市场潜力）对出口目的地排序，优先选择市场潜力大的市场，按市场潜力顺序增加出口目的地数量，直到耗尽可抵押的资产。融资约束的企业存在最优出口生产率分界点，金融发展降低了出口生产率分界点，企业出口可以渗透到按市场潜力排序更低的国家或地区，企业出口目的地数量增加。与低融资依赖行业相比，对高融资依赖行业的影响更大。如果企业可以观察到出

口目的地排序，那么所有国家或地区均有可能进入市场潜力最大的国家或地区，金融发展与市场潜力最大值不相关。金融发展可以使出口国或地区渗透到市场潜力更大的国家或地区，因此金融发展与市场潜力最小值密切相关，且这种影响在融资依赖部门更大。

第六章采用 CEPII-BACI 数据库 65 个出口国或地区和 113 个进口国或地区 HS 6 分位产品出口贸易数据进行实证研究，结果表明金融发展对出口市场潜力的最小值显著为负，金融发展与外部融资依赖性的交叉项对出口市场潜力影响显著为负，金融发展与资产有形性的交叉项显著为正。金融发展对出口目的地数量显著为正，金融发展与外部融资依赖性的交叉项显著为正，金融发展与资产有形性的交叉项显著为负，这说明企业按由利润决定的市场潜力选择出口目标市场，金融发展降低了出口生产率的分解点，使企业可以出口到市场潜力更低的国家，出口到更多的目标市场，出口目的地数量增加。与融资依赖程度低的行业相比，融资依赖程度高的行业金融发展对出口市场潜力最小值和出口目的地数量的影响效应更大。进一步研究表明，金融发展对发展中国家或地区出口市场潜力最小值和出口目的地数量的影响比发达国家或地区的更大。

四、关于金融发展对出口贸易关系持续时间的影响

第三章第五节借鉴吴晓怡和邵军（2014）的研究模型，分析了金融发展对出口贸易关系持续时间的影响机制。考虑出口多期的情况，面临融资约束的企业进行动态最优化决策，当期望利润现值高于出口初期投入固定成本与进入出口市场后每期需要支付的固定成本现值之和时，企业进入新出口市场。当企业进入某一出口市场后，当期望利润现值高于每期支付的固定成本，企业继续出口产品到该市场；如果期望利润现值低于每期支付的固定成本，企业则会退出该出口市场。正是由于出口前期投入成本的存在，进入出口市场后持续时间增加。金融发展缓解了外部融资约束，使企业外部融资变得容易，降低了每期固定成本的融资成本，从而使企业更容易进入出口市场，进入出口市场的存续时间增加。

第七章采用 CEPII-BACI 数据库对 1995~2011 年 65 个出口国或地区 HS 6 分

位产品层面数据测算了出口贸易关系持续时间，用 Cox 比例风险模型研究了金融发展对出口贸易关系持续时间的影响。引入出口贸易关系开始时初始贸易量、进口国或地区市场上出口国或地区数量、进出口国或地区 GDP、进出口国或地区人均 GDP、用人口进行加权的进出口国家间或国家与地区间地理距离、是否接壤、是否有共同语言以及是否有殖民联系为控制变量，研究结果表明，金融发展对出口风险率存在显著负效应，金融发展可以促进出口持续时间的延长。在保持其他因素不变的情况下，金融发展水平增加一单位，会导致出口风险率下降 0.13%。采用其他金融发展指标（流动负债与 GDP 之比和股票市场资本总额与 GDP 之比）以及指数风险模型和 Weibull 风险模型进行稳健性检验，结论稳健。融资依赖程度高的行业金融发展对出口贸易关系持续时间的影响效应高于融资依赖程度低的行业。

第二节　政策建议

一、政策建议

1. 要重视金融发展对出口贸易的作用

本书重要结论之一是金融发展可以提升出口集约边际、价格边际和数量边际，且主要是靠集约边际来实现的，金融发展对价格边际的影响大于集约边际。因此，要重视金融发展在增加出口，尤其是增加出口产品种类中的作用。金融发展可以提升出口价格，促进出口产品质量的提升；金融发展可以使出口国或地区选择更多的目标市场，要重视金融发展在出口目标市场选择中的作用；金融发展可以降低出口风险，延长出口贸易持续时间，维持出口稳定增长。

2. 要积极采取措施促进本国或本地区金融发展

各国或地区要把握全球金融发展的趋势，在金融全球化、金融创新化和金融监管国际化的大背景下，结合本国或地区金融发展实际，采取适合本国或本地区的政策积极促进金融发展，进而促进本国或本地区贸易发展。

二、对中国的启示

本书是采用跨境数据进行实证研究的，其研究结论对中国有重要借鉴意义。

1. 要重视金融因素在出口贸易发展中的作用

“十二五”期间，中国超过美国成为全球制造业第一大国，2013 年中国已超过美国成为第一大贸易国。中国出口持续增长，但“十二五”期间出口增长率比“十一五”期间大幅回落，出口增长率小于 10%，2015 年全球出口贸易下滑，但中国下滑幅度小于全球平均水平。

“十三五”时期，我国出口贸易进入新阶段，劳动力素质提高，劳动力工资上涨，工业自动化水平提升，中国正从劳动密集型产品制造基地向高附加值产品制造基地转变，从制造业、工业高速发展向制造业和服务业同步发展阶段转变。然而，中国贸易发展面临传统比较优势弱化、出口结构需要进一步优化、发达经济体经济复苏缓慢导致外需下滑以及自身面临的产能过剩问题。

国家“十三五”规划报告指出“完善对外贸易布局，创新外贸发展模式，加强营销和售后服务网络建设，提高传统优势产品竞争力，巩固出口市场份额，推动外贸向优质优价、优进优出转变，壮大装备制造等新的出口主导产业”。① 金融发展有利于出口增长，可以提高出口产品种类扩展边际，提高价格边际和数量边际，提高出口持续时间，有利于巩固出口市场份额，推动外贸产品向优质优价转变。本书的研究成果表明，按由市场潜力决定的出口目的地市场排序选择出口目的地，金融发展可以增加出口目的地数量。因此金融发展有利于完善对外贸易布局。

2. 积极采取措施促进金融发展

金融发展有利于维持出口稳定发展，促进出口产品质量提高，拓展出口新市场。国家要根据经济形势不断调整政策促进金融发展，使金融发展服务实体经

① 《中共中央关于制定国民经济和社会发展第十三个五年规划的建议》，简称国家“十三五”规划报告。

济，服务贸易发展。

（1）进一步健全金融机构体系。当前，我国商业性金融机构数量多，在金融机构中占的比重大，开发性金融机构和政策性金融机构数量少、比重低，为经济发展提供的作用有限，为此，要进一步壮大国家开发银行、农业发展银行和进出口银行，扩大它们的业务量以促进经济增长、结构调整，在相关重点改革领域发挥作用。巩固商业银行改革成果，进一步完善运行机制，壮大国有商业银行实力，培育一批竞争力强且有跨境资金配置权的银行机构。依托经济合作组织，引导合作性金融机构健康发展，逐渐形成商业性金融、政策性金融、开发性金融、合作性金融分工合理协调发展的金融体系。

（2）加快资本市场发展，形成直接融资和间接融资协调发展的金融市场体系。要加快创业板、新三板改革，进一步发展多层次股权融资市场，积极发展债券市场，形成功能互补、品种齐全、规则统一的多层次资本市场。

（3）发挥自由贸易试验区在金融改革中的作用。要充分认识自由贸易试验区在金融改革中的重要作用，在试验区内试点深化资本项目开放的具体措施，探索人民币跨境使用便利化的政策以及与金融开放相配套的金融监管政策。

第三节　未来研究展望

一、研究不足

本书基于可靠的理论基础，通过大量翔实数据、严谨的计量方法从三方面研究了金融发展对出口贸易的影响，拓展了金融发展、融资约束对出口集约边际和扩展边际的研究，从金融发展缓解融资约束角度解释了研究结论。然而尚有以下不足：

（1）本书从扩展边际和集约边际、数量和价格方面分析了金融发展对出口三元边际的影响，但是未能将金融发展对出口扩展边际、数量边际和价格边际的影响纳入统一的理论模型中，从而使理论分析的整体性较差。

（2）本书理论分析表明融资依赖程度不同的行业，金融发展对出口集约边际和扩展边际的影响不同，但是没有分析金融发展对出口价格边际影响的行业差异性。且本书采用三元边际的跨国分解方法，没有进一步在产业层面分解出口三元边际，实证研究中没有分析考虑金融发展对出口三元边际的影响效应是否在融资依赖行业更大。

（3）未能在 Manova（2008）模型基本设定下进行动态最优化决策分析金融发展对出口贸易持续时间的影响，理论分析的整体性较差。尽管实证研究支持金融发展对出口贸易关系持续时间的影响在融资依赖性更大的结论，但由于本人水平有限，也未能从理论上推导出金融发展对出口贸易关系持续时间影响的行业差异性。

（4）金融发展的内涵较丰富，金融发展涵盖许多方面，本书采用的测度指标只能反映金融发展的某一方面。

二、未来研究展望

未来研究应该关注以下问题：

（1）将出口贸易三元边际跨国分解方法拓展到国家—产业层面，引入金融发展与产业融资依赖性的交叉项，研究金融发展对出口三元边际影响在融资依赖程度不同产业的差异性。

（2）构建反映金融发展的综合指标体系，更加全面地反映全球金融发展，采用主成分分析法的计算结果用于实证研究，以更真实全面反映金融发展对出口三元边际、出口贸易关系持续时间、出口目的地市场选择的影响。

（3）本书研究关注出口国或地区金融发展对出口贸易持续时间、出口目标市场选择和出口三元边际的影响，后续研究可进一步关注进口国或地区金融发展以及进出口国或地区之间金融发展差距对出口贸易持续时间、出口目标市场选择和出口三元边际的影响。

（4）发达国家或地区的金融发展主要表现为金融创新，后续研究可以针对发达国家或地区研究金融创新对发达国家或地区出口贸易的影响。

（5）发展中国家或地区金融发展水平较低，但是发展速度较快，可以进一步研究发展中国家或地区尤其是发展中大国或地区金融发展对发达国家或地区出口三元边际、出口目标市场选择和出口贸易关系持续时间的影响。

（6）从理论上分析金融发展对出口贸易关系持续时间是否存在融资依赖程度在不同的行业间存在差异。

参考文献

［1］Aeberhardt R，Buono I，Fadinger H. Learning，incomplete contracts and export dynamics：Theory and evidence from French firms［J］. European Economic Review，2014（68）：219–249.

［2］Akarim Y D. The impact of financial factors on export decisions：The evidence from Turkey［J］. Economic Modelling，2013（35）：305–308.

［3］Alessandria G，Choi H. Establishment heterogeneity，exporter dynamics，and the effects of trade liberalization［J］. Journal of International Economics，2014，94（2）：207–223.

［4］Alvarez R，López R A. Access to banking finance and exporting［J］. Industrial and Corporate Change，2014，23（6）：1523–1539.

［5］Alvarez R，López R A. Financial development，exporting and firm heterogeneity in Chile［J］. Review of World Economics，2013，149（1）：183–207.

［6］Amissah E，Bougheas S，Falvey R. Financial constraints，the distribution of wealth and international trade［J］. The World Economy，2011，34（5）：707–724.

［7］Amiti M，Weinstein D E. Exports and financial shocks［J］. The Quarterly Journal of Economics，2011，126（4）：1841–1877.

［8］Aristei D，Franco C. The role of credit constraints on firms' exporting and importing activities［J］. Industrial and Corporate Change，2014，23（6）：1493–1522.

［9］Arndt C，Buch C M，Mattes A. Disentangling barriers to internationalization［J］. Canadian Journal of Economics，2012，45（1）：41–63.

[10] Askenazy P, Caldera A, Gaulier G, et al. Financial constraints and foreign market entries or exits: Firm-level evidence from France [J] . Review of World Economics, 2015 (151): 231-253.

[11] Badinger H, Url T. Export credit guarantees and export performance: Evidence from Austrian firm-level data [J] . The World Economy, 2013, 36 (9): 1115-1130.

[12] Baldwin R. Exporting the capital markets: Comparative advantage and capital market imperfections [A] . Audretsch, D, L. Sleuwaegen H. Yamawaki. The convergence of international and domestic markets [M] . North-Holland, Amsterdam, 1989.

[13] Beck T. Financial dependence and international trade [J] . Review of international Economics, 2003, 11 (2): 296-316.

[14] Beck T. Financial development and international trade: Is there a link? [J] . Journal of International Economics, 2002, 57 (1): 107-131.

[15] Becker B, Chen J, Greenberg D. Financial development, fixed costs, and international trade [J] . Review of Corporate Finance Studies, 2013, 2 (1): 1-28.

[16] Bellone F, Musso P, Nesta L , et al. Financial constraints and firm export behaviour [J] . The World Economy, 2008, 33 (33): 347-373.

[17] Berman N, Héricourt J. Financial factors and the margins of trade: Evidence from cross-country firm-level data [J] . Journal of Development Economics, 2010, 93 (2): 206-217.

[18] Bernard A B , Jensen J B . Exceptional exporter performance: Cause, effect, or both? [J] . Journal of International Economics, 1997, 47 (1): 1-25.

[19] Bernard A B, Eaton J, Jensen J B, et al. Plants and productivity in international trade [J] . American Economic Review, 2003, 93 (4): 1268-1290.

[20] Bernard A B, Jensen J B, Lawrence R Z. Exporters, jobs, and wages in US manufacturing: 1976-1987 [J] . Brookings Papers on Economic Activity. Microeconomics, 1995: 67-119.

[21] Bernini M, Guillou S, Bellone F. Firms leverage and export quality evidence from France [R] . GREDEG Working Papers, 2013.

[22] Bernini M. Essays of financial factors and firm export behavior [D] . University of Trento, 2014.

[23] Berry S T. Estimating discrete-choice models of product differentiation [J] . The RAND Journal of Economics, 1994, 25 (2): 242-262.

[24] Berthou A . Credit constraints and zero trade flows: The role of financial development [R] . University of Paris, 2007.

[25] Besedeš T, Prusa T J. Product differentiation and duration of US import trade [J] . Journal of International Economics, 2006, 70 (2): 339-358.

[26] Besedeš T, Kim B, Lugovskyy V. Export growth and credit constraints [J] . European Economic Review, 2014 (70): 350-370.

[27] Besedeš T, Prusa T J. Ins, outs, and the duration of trade [J] . The Canadian Journal of Economics, 2006, 39 (1): 266-295.

[28] Bilir L K, Chor D, Manova K. Host-country financial development and multinational activity [R] . NBER Working Papers, 2019.

[29] Bougheas S, Falvey R. The impact of financial constraints and wealth inequality on international trade flows, Capital movements and entrepreneurial migration [J] . SSRN Electronic Journal, 2014.

[30] Brenton P, Saborowski C, von Uexkull E. What explains the low survival rate of developing country export flows? [R] . World Bank Policy Research Working Paper, 2009 .

[31] Buch C M, Kesternich I, Lipponer A, et al. Financial constraints and foreign direct investment: Firm-level evidence [J] . Review of World Economics, 2014 (150): 393-420.

[32] Caggese A , Cuñat V . Financing constraints, firm dynamics, export decisions, and aggregate productivity [J] . Review of Economic Dynamics, 2013, 16

(1): 177-193.

[33] Cartiglia F. Credit constraints and human capital accumulation in the open economy [J] . Journal of International Economics, 1997, 43 (1): 221-236.

[34] Caselli F. Accounting for cross-country income differences [J] . Handbook of Economic Growth, 2005 (1): 679-741.

[35] Casey E, O' Toole C M. Bank lending constraints, trade credit and alternative financing during the financial crisis: Evidence from European SMEs [J] . Journal of Corporate Finance, 2014 (27): 173-193.

[36] Castagnino T, D' Amato L, Sangiácomo M. How do firms in argentina get financing to export? Banco central de la república Argentina [R] . Investigationes Económicas, Working Paper , 2012.

[37] Cezar R. The heterogeneous effect of finance on international trade [J] . Applied Economics, 2014, 46 (24): 2903-2919.

[38] Chan J , Manova K . Financial development and the choice of trade partners [J] . Journal of Development Economics, 2015 (116): 122-145.

[39] Chaney T. Liquidity constrained exporters [R] . University of Chicago, 2005.

[40] Chang Y, Hung M, Lu C. Trade, R&D spending and financial development [J] . Applied Financial Economics, 2005, 15 (11): 809-819.

[41] Chesnokova T, Krishna K. Skill acquisition, credit constraints, and trade [J] . International Review of Economics and Finance, 2009, 18 (2): 227-238.

[42] Chor D, Manova K. Off the cliff and back? Credit conditions and international trade during the global financial crisis [J] . Journal of International Economics, 2012, 87 (1): 117-133.

[43] Chor D. Unpacking sources of comparative advantage: A quantitative approach [J] . Journal of International Economics, 2010, 82 (2): 152-167.

[44] Ciani A, Bartoli F. Export quality upgrading and credit constraints [R] . Mimeo, Bocconi University, 2013.

[45] Coulibaly B, Sapriza H, Zlate A. Financial frictions, trade credit, and the 2008-09 global financial crisis [J]. International Review of Economics and Finance, 2013 (26): 25-38.

[46] Crin O R, Ogliari L. Financial frictions, product quality, and international trade [R]. DISCE Working Paper, 2015.

[47] Defever F, Suedekum J. Financial liberalization and the relationship-specificity of exports [J]. Economics Letters, 2014, 122 (3): 375-379.

[48] Demir F, Dahi O S. Asymmetric effects of financial development on south-south and south-north trade: Panel data evidence from emerging markets [J]. Journal of Development Economics, 2011, 94 (1): 139-149.

[49] Deng Z, Hou L. Financial underdevelopment, distorted lending and export market survival [J]. The Journal of International Trade and Economic Development, 2014, 23 (5): 600-625.

[50] Do Q, Levchenko A A. Comparative advantage, demand for external finance, and financial development [J]. Journal of Financial Economics, 2007, 86 (3): 796-834.

[51] Du J, Girma S. Finance and firm export in China [J]. Kyklos, 2007, 60 (1): 37-54.

[52] Eaton J, Kortum S. An anatomy of international trade: Evidence from French firms [J]. Econometrica, 2011, 79 (5): 1453-1498.

[53] Eck K, Engemann M, Schnitzer M. How trade credits foster exporting [J]. Review of World Economics, 2015, 151 (1): 73-101.

[54] Eckel C, Unger F. Credit constraints, endogenous innovations, and price setting in international trade [R]. Discussion Paper, 2015.

[55] Egger P H, Kesina M. Financial constraints and the extensive and intensive margin of firm exports: Panel data evidence from China [J]. Review of Development Economics, 2014, 18 (4): 625-639.

[56] Elekdag S, Muir D, Wu Y. Trade linkages, balance sheets, and spillovers: The Germany-central European supply chain [J]. Journal of Policy Modeling, 2015, 37 (2): 374-387.

[57] Espanol P. Exports, sunk costs and financial restrictions in Argentina during the 1990s [J]. PSE Working Papers, 2007, 56 (1): 273-275.

[58] Esteve-Pérez S, Mánez-Castillejo J A, Rochina-Barrachina M E, et al. A survival analysis of manufacturing firms in export markets [J]. Entrepreneurship, Industrial Location and Economic Growth, 2007: 313-332.

[59] Fan H, Lai E L, Li Y A. Credit constraints, quality, and export prices: Theory and evidence from China [J]. Journal of Comparative Economics, 2015, 43 (2): 390-416.

[60] Fauceglia D. Credit constraints, firm exports and financial development: Evidence from developing countries [J]. The Quarterly Review of Economics and Finance, 2015 (55): 53-66.

[61] Feenstra R C, Li Z, Yu M. Exports and credit constraints under incomplete information: Theory and evidence from China [J]. Review of Economics and Statistics, 2014, 96 (4): 729-744.

[62] Felbermayr G, Spiegel G. A simple theory of trade, finance and firm dynamics [J]. Review of International Economics, 2014, 22 (2): 253-274.

[63] Foellmi R, Oechslin M. Market imperfections, wealth inequality, and the distribution of trade gains [J]. Journal of International Economics, 2010, 81 (1): 15-25.

[64] Foley C F, Kalina M. International trade, multinational activity, and corporate finance [J]. Annual Rereiw of Economics, 2015, 7 (1): 119-146.

[65] Fugazza M, Molina A C. The determinants of trade survival [R]. HEID Working Paper, 2009.

[66] Ge Y, Qiu J. Financial development, bank discrimination and trade credit

[J] . Journal of Banking and Finance, 2007, 31 (2): 513-530.

[67] Goksel T. Financial constraints and international trade patterns [J] . Economic Modelling, 2012, 29 (6): 2222-2225.

[68] Goldbach S, Nitsch V. Extra credit: Bank finance and firm export status in Germany [J] . The World Economy, 2014, 37 (7): 883-891.

[69] Goldsmith, R . Financial structure and development [M] . New Haven: Yale University Press, 1969.

[70] Gorg H, Spaliara M E. Export market exit, financial pressure and the crisis [R] . CESifo Working Paper Series, 2013.

[71] Gottfries N. Market shares, financial constraints and pricing behaviour in the export market [J] . Economica, 2002, 69 (276): 583-607.

[72] Greenaway D, Guariglia A, Kneller R. Financial factors and exporting decisions [J] . Journal of International Economics, 2007, 73 (2): 377-395.

[73] Greenwood J, Sanchez J M, Wang C. Quantifying the impact of financial development on economic development [J] . Review of Economic Dynamics, 2013, 16 (1): 194-215.

[74] Gross T, Verani S. Financing constraints, firm dynamics, and international trade [R] . FEDS Working Paper, 2012.

[75] Hausmann R , Hwang J , Rodrik D . What you export matters [R] . NBER Working Papers, 2005.

[76] Helpman, Marc Melitz, Yona Rubinstein. Estimating trade flows: Trading partners and trading volumes [J] . Quarterly Journal of Economics, 2008, 123 (2): 441-487.

[77] Hummels D, Klenow PJ. The variety and quality of a nation' s exports [J] . American Economic Review, 2005, 95 (3): 704-723.

[78] Hur J, Raj M, Riyanto Y E. Finance and trade: A cross-country empirical analysis on the impact of financial development and asset tangibility on international

trade [J] . World Development, 2006, 34 (10): 1728-1741.

[79] Ito H, Terada-Hagiwara A. An analysis of the effects of financial market imperfections on Indian firms' exporting behavior [R] . Department of Economics, Portland State University: Mimeo, 2011.

[80] Jarreau J, Poncet S. Credit constraints, firm ownership and the structure of exports in China [J] . International Economics, 2014 (139): 152-173.

[81] Jarreau J, Poncet S. Export performance and credit constraints in China [R] . Research Papers in Economics, 2010.

[82] Jaud M , Kukenova M , Strieborny M . Financial dependence and intensive margin of trade [R] . Working Papers, 2009.

[83] Jaud M, Kukenova M. Financial development and survival of African agri-food exports [J] . World Bank Policy Research Working Paper Series, 2011.

[84] Jiandong J, Shangjin W. Endowment versus finance: A wooden barrel theory of international trade [R] . CEPR Working Paper, 2005.

[85] Jiandong Ju, Shangjin Wei. When is quality of financial system a source of comparative advantage? [J] . Journal of International Economics, 2011, 84 (2): 178-187.

[86] Johnson, Robert C. Trade and prices with heterogeneous firms [J] . Journal of International Economics, 2012, 86 (1): 43-56.

[87] Khan S M, Senhadji S S. Financial development and economic growth: An overview [R] . International Monetary Fund, Working Paper, 2000.

[88] Khandelwal A. The long and short (of) quality ladders [J] . The Review of Economic Studies, 2010, 77 (4): 1450-1476.

[89] Kiendrebeogo Y, Minea A. Financial factors and manufacturing exports: Theory and firm-level evidence from Egypt [R] . CERDI, 2012.

[90] Kim D, Lin S, Suen Y. The simultaneous evolution of economic growth, financial development, and trade openness [J] . The Journal of International Trade and

Economic Development, 2012, 21 (4): 513-537.

[91] King R G, Levine R. Finance, Entrepreneurship and growth [J] . Journal of Monetary Economics, 1993, 32 (3): 513-542.

[92] Kletzer K, Bardhan P. Credit markets and patterns of international trade [J] . Journal of Development Economics, 1987, 27 (1): 57-70.

[93] Lancheros S, Demirel P. Does finance play a role in exporting for service firms? Evidence from India [J] . The World Economy, 2012, 35 (1): 44-60.

[94] Leibovici F. Financial development and international trade [R] . Louis Working Paper, 2018.

[95] Levine R. Financial development and economic growth: Views and agenda [J] . Journal of economic literature, 1997, 35 (2): 688-726.

[96] Li Z, Yu M. Exports, productivity, and credit constraints: A firm-level empirical investigation of China [R] . Institute of Economic Research, Hitotsubashi University, 2009.

[97] Lin P, Huang H. Financial sector volatility, banking market structure and exports [J] . The World Economy, 2014, 37 (10): 1388-1409.

[98] Manez J A, Rochina-Barrachina M E, Sanchis-Llopis J A, et al. Financial constraints and R&D and exporting strategies for Spanish manufacturing firms [J] . Industrial and Corporate Change, 2014, 23 (6): 1563-1594.

[99] Manova K, Wei S J, Zhang Z. Firm exports and multinational activity under credit constraints [R] . National Bureau of Economic Research, Inc, 2011.

[100] Manova K. Credit constraints, equity market liberalizations and international trade [J] . Journal of International Economics, 2008, 76 (1): 33-47.

[101] Manova K. Credit constraints, heterogeneous firms, and international trade [J] . The Review of Economic Studies, 2013, 80 (2): 711-744.

[102] Maskus K E, Neumann R, Seidel T. How national and international financial development affect industrial R&D [J] . European Economic Review, 2012, 56

(1): 72-83.

[103] Matias B. Financial contractibility and assets' hardness [R] . mimeo, University of California Los Angeles, 2003.

[104] Matsuyama K. Credit market imperfections and patterns of international trade and capital flows [J] . Journal of the European Economic Association, 2005, 3 (2-3): 714-723.

[105] McKinnon, R. I. Money and capital in economic development [M] . Washington D C: The Brookings Institution Press, 1973.

[106] Melitz M J . The impact of trade on intra-industry reallocations and aggregate industry productivity [J] . Econometrica, 2003, 71 (6): 1695-1725.

[107] Melitz M J, Ottaviano G I P. Market size, trade, and productivity [J] . The Review of Economic Studies, 2008, 75 (1): 295-316.

[108] Mendoza E G, Quadrini V, Rios-Rull J V. Financial integration, financial development, and global imbalances [J] . Journal of Political economy, 2009, 117 (3): 371-416.

[109] Menyah K, Nazlioglu S, Wolde-Rufael Y. Financial development, trade openness and economic growth in African countries: New insights from a panel causality approach [J] . Economic Modelling, 2014 (37): 386-394.

[110] Merton R C, Bodie Z. A conceptual frameworkfor analyzing the financial environment [M] // DB Crane, KA Froot, SP Mason, et al. The global financial system: A functional perspective. Boston: Harvard Business School Press, 1995.

[111] Minea A, Villieu P. Financial development, institutional quality and maximizing-growth trade-off in government finance [J] . Economic Modelling, 2010, 27 (1): 324-335.

[112] Minetti R, Susan Z. Credit constraints and firm export: Microeconomic evidence from Italy [J] . Journal of International Economics, 2011, 83 (2): 109-125.

[113] Muuls M. Exporters and credit constraints. A firm-level approach [R] .

National Bank of Belgium, 2008.

[114] Muuls M. Exporters, importers and credit constraints [J]. Journal of International Economics, 2015, 95 (2): 333-343.

[115] Nagaraj, Priya. Financial constraints and export participation in India [J]. International Economics, 2014 (140): 19-35.

[116] Niroomand F, Hajilee M, Al Nasser O M. Financial market development and trade openness: Evidence from emerging economies [J]. Applied Economics, 2014, 46 (13): 1490-1498.

[117] Paravisini D, Rappoport V, Schnabl P, et al. Dissecting the effect of credit supply on trade: Evidence from matched credit-export data [J]. The Review of Economic Studies, 2014, 82 (1): 333-359.

[118] Raei F. Essays in financial development and international trade [D]. ProQuest, UMI Dissertations Publishing, 2011.

[119] Raff H, Wagner J. Foreign ownership and the extensive margins of exports: Evidence for manufacturing enterprises in Germany [J]. The World Economy, 2014, 37 (5): 579-591.

[120] Rajan R, Zingales L. Financial systems, industrial structure, and growth [J]. Oxford Review of Economic Policy, 2001, 17 (4): 467-482.

[121] Robert C. Feenstra. New product varieties and the measurement of international prices [J]. The American Economic Review, 1994, 84 (1): 157-177.

[122] Roy D, Munasib A, Chen X. Social trust and international trade: The interplay between social trust and formal finance [J]. Review of World Economics, 2014, 150 (4): 693-714.

[123] Schmitz M. Financial remoteness and the net external position [J]. Review of World Economics, 2014, 150 (1): 191-219.

[124] Secchi A, Tamagni F, Tomasi C. Export price adjustments under financial constraints [J]. Canadian Journal of Economics, 2013, 49 (3): 1057-1085.

[125] Secchi A, Tamagni F, Tomasi C. Exporting under financial constraints: Margins, switching dynamics and prices [R]. Centro Studi Luca d' Agliano Development Studies Working Paper, 2012.

[126] Secchi A, Tamagni F, Tomasi C. The micro patterns of export diversification under financial constraints [J]. Industrial and Corporate Change, 2014, 23 (6): 1595-1622.

[127] Silva A. Financial constraints and exports: Evidence from Portuguese manufacturing firms [J]. International Journal of Economic Sciences and Applied Research, 2011, 4 (3): 7-19.

[128] Stiebale J. Do financial constraints matter for foreign market entry? A firm-level examination [J]. The World Economy, 2011, 34 (1): 123-153.

[129] Svaleryd H, Vlachos J. Financial markets, the pattern of industrial specialization and comparative advantage: Evidence from OECD countries [J]. European Economic Review, 2005, 49 (1): 113-144.

[130] Tang K B, Tan H B, Naseem N A M. The effect of foreign currency borrowing and financial development on exports: A dynamic panel analysis on Asia-Pacific countries [J]. Journal of the Asia Pacific Economy, 2013, 18 (3): 460-476.

[131] Tse C Y, Leung C K Y. Increasing wealth and increasing instability: The role of collateral [J]. Review of International Economics, 2002, 10 (1): 45-52.

[132] Verhoogen, Eric A. Trade, quality upgrading, and wage inequality in the Mexican manufacturing sector [J]. The Quarterly Journal of Economics, 2008, 123 (2), 489-530.

[133] Wagner J. Credit constraints and exports: Evidence for German manufacturing enterprises [J]. Applied Economics, 2013, 46 (3): 294-302.

[134] Wagner J. Credit constraints and exports: A survey of emperical studies using firm level data [J]. Industrial and Corporate Change, 2014, 23 (6): 1477-1492.

[135] Wang X. Trade credit, international trade costs and exports: Cross-country

firm-level evidence [J]. Applied Economics Letters, 2015, 22 (12): 993-998.

[136] Wooldridge J M. Econometric analysis of cross section and panel data [J]. MIT Press Books, 2010, 1 (2): 206-209.

[137] Wooldridge J M. Introductory econometrics: A modern approach [M]. Second Edition, Stamford: Thomson Learning, 2003.

[138] Wynne J. Wealth as a determinant of comparative advantage [J]. American Economic Review, 2005, 95 (1): 226-254.

[139] Ying G, Qiu J. Financial development, bank discrimination and trade credit [J]. Journal of Banking & Finance, 2007, 31 (2): 513-530.

[140] 白当伟. 金融发展与国际贸易关系研究综述 [J]. 经济学动态, 2004 (1): 73-76.

[141] 白当伟. 金融发展中的国际贸易: 理论与实证研究 [D]. 复旦大学博士学位论文, 2004.

[142] 白钦先, 张志文. 金融发展与经济增长: 中国的经验研究 [J]. 南方经济, 2008 (09): 17-32.

[143] 包群, 阳佳余. 金融发展影响了中国工业制成品出口的比较优势吗 [J]. 世界经济, 2008 (3): 21-33.

[144] 曹珂, 朱彤. 外部融资依赖、金融发展与比较优势变迁——基于中国制造业部门的行业分析 [J]. 世界经济研究, 2010 (4): 26-30.

[145] 曹珂. 中国金融发展与比较优势: 外部融资视角 [D]. 南开大学博士学位论文, 2010.

[146] 曹亮, 何成杰, 李梦珊. CAFTA 框架下中国进口三元边际及其决定因素 [J]. 国际贸易问题, 2014 (5): 85-94.

[147] 陈建国, 杨涛. 中国对外贸易的金融促进效应分析 [J]. 财贸经济, 2005 (1): 83-86.

[148] 陈静. 金融发展与出口贸易: 基于中国数据的实证研究 [D]. 浙江工业大学, 2008.

[149] 陈磊，宋丽丽．金融发展与制造业出口的二元边际——基于新新贸易理论的实证分析 [J]．南开经济研究，2011（4）：67-85.

[150] 陈磊．金融发展与制造业出口的二元边际研究 [D]．南开大学博士学位论文，2012.

[151] 陈琳，何欢浪，罗长远．融资约束与中小企业的出口行为：广度和深度 [J]．财经研究，2012（10）：134-144.

[152] 陈清萍，鲍晓华．融资约束、金融发展与我国企业出口产品质量——基于银行信贷和商业信贷的双重视角 [J]．现代财经，2014（5）：36-46.

[153] 陈雪梅．金融发展对国际贸易的作用机理研究 [D]．山东大学，2007.

[154] 陈勇兵，蒋灵多，曹亮．中国农产品出口持续时间及其影响因素分析 [J]．农业经济问题，2012（11）：7-15.

[155] 陈勇兵，李燕．贸易关系持续时间的研究进展 [J]．国际贸易问题，2012（10）：28-42.

[156] 陈勇兵，钱意，张相文．中国进口持续时间及其决定因素 [J]．统计研究，2013（2）：49-57.

[157] 戴翔．收入分配差距、金融信贷约束与中国外贸失衡 [J]．国际贸易问题，2012（10）：168-176.

[158] 邓颖．金融发展对国际收支失衡的影响 [D]．华东师范大学硕士学位论文，2011.

[159] 丁一兵，刘璐．金融发展能否促进出口结构的优化——基于动态面板数据模型的考察 [J]．现代财经（天津财经大学学报），2013（6）：3-11.

[160] 杜晓英．金融发展对出口复杂度的影响机制 [J]．当代经济研究，2015（1）：86-92．

[161] 范兆斌，刘德学．金融发展、出口模式与社会福利 [J]．世界经济研究，2014（3）：27-32.

[162] 方园．金融发展对出口复杂度提升的影响机理与效应研究 [D]．浙

江大学博士学位论文，2013.

［163］高越，王学真，任永磊．中国出口增长三元边际的动态变化［J］．云南财经大学学报，2013（6）：65-71.

［164］耿伟．要素市场扭曲、贸易广度与贸易质量——基于中国各省细分出口贸易数据的实证分析［J］．国际贸易问题，2014（10）：14-22.

［165］顾国达，方园，方晨靓．金融发展对我国出口技术复杂度升级的影响［J］．华中农业大学学报（社会科学版），2013（1）：109-117.

［166］顾国达，郭爱美．金融发展与出口复杂度提升——基于作用路径的实证［J］．国际经贸探索，2013，29（11）：101-112.

［167］郭爱美．金融发展对出口复杂度的影响研究［D］．浙江大学博士学位论文，2014.

［168］郭亦玮，郭晶，王磊．中国区域金融发展对出口复杂度影响的实证研究［J］．中国软科学，2013（11）：151-160.

［169］韩剑，李林艳．金融发展不平衡与全球贸易失衡——基于跨时贸易模型的研究［J］．世界经济研究，2012（2）：33-38.

［170］韩剑，张凌．金融发展、融资依赖与中国工业制成品的出口［J］．国际商务（对外经济贸易大学学报），2012（6）：59-67.

［171］何树全，张秀霞．中国对美国农产品出口持续时间研究［J］．统计研究，2011（2）：34-38.

［172］胡岩．金融发展与中国经济发展中的比较优势变迁［J］．国际贸易问题，2003（6）：45-48.

［173］黄永明，张文洁．中国出口复杂度的测度与影响因素分析［J］．世界经济研究，2011（12）：59-64.

［174］黄永明，张文洁．中国出口技术复杂度的演进机理——四部门模型及对出口产品的实证检验［J］．数量经济技术经济研究，2012（3）：49-62.

［175］荆逢春．金融发展、融资约束与出口［D］．对外经济贸易大学博士学位论文，2014.

[176] 康志勇．融资约束、货款拖欠与中国本土企业出口：机理与实证 [J]．世界经济研究，2013 (8)：41-47.

[177] 雷达，赵勇．中美经济失衡的性质及调整：基于金融发展的视角 [J]．世界经济，2009 (1)：62-71.

[178] 雷日辉，张亚斌．金融发展、融资约束与出口二元边际 [J]．上海金融，2013 (7)：10-17.

[179] 雷日辉，张亚斌．金融发展对国家出口产品技术复杂度提升的验证 [J]．求索，2013 (1)：20-22.

[180] 雷日辉．金融发展与出口绩效 [D]．湖南大学博士学位论文，2013.

[181] 李斌，李国强．金融发展与出口贸易结构优化 [J]．华南农业大学学报（社会科学版），2008 (3)：34-40.

[182] 李海峰．金融发展不平衡与全球失衡 [D]．南京大学硕士学位论文，2013.

[183] 李宏，陆建明，杨珍增，等．金融市场差异与全球失衡：一个文献综述 [J]．南开经济研究，2010 (4)：3-20.

[184] 李宏兵，蔡宏波，胡翔斌. 融资约束如何影响中国企业的出口持续时间 [J]. 统计研究，2016，33 (6)：30-41.

[185] 李隽．金融发展促进国际贸易发展研究 [D]．云南大学博士学位论文，2010.

[186] 李林艳．金融发展不平衡对全球贸易失衡的影响分析 [D]．南京大学硕士学位论文，2013.

[187] 林玲，李江冰，李青原．金融发展、融资约束与中国本土企业出口绩效——基于省际面板数据的经验研究 [J]．世界经济研究，2009 (4)：45-50.

[188] 林玲，李江冰．金融发展、比较优势与出口结构 [J]．生产力研究，2009 (13)：52-54.

[189] 林玲，李江冰．金融发展与国际贸易关系研究评述 [J]．经济学动态，2008 (10)：126-131.

［190］刘斌，李磊，郑昭阳．金融发展与中国出口贸易技术复杂度提升［J］．当代经济研究，2012（6）：87-93.

［191］刘春喜．金融发展差异与中美经常项目失衡的关系：微观层面的一个文献综述［J］．经营管理者，2012（12）：5-6.

［192］刘海洋，孔祥贞，宋巧．融资约束与中国制造业企业出口——基于Heckman样本选择模型的经验检验［J］．世界经济研究，2013（1）：29-34.

［193］刘璐，丁一兵．金融发展对出口结构影响的理论探析［J］．大连理工大学学报（社会科学版），2014（3）：45-49.

［194］刘璐．金融发展与出口结构关系研究［D］．吉林大学博士学位论文，2014.

［195］刘威，杜雪利，李炳．金融发展对中国出口复杂度的影响渠道研究［J］．国际金融研究，2018（2）：87-96.

［196］刘瑶，丁妍．中国ICT产品的出口增长是否实现了以质取胜——基于三元分解及引力模型的实证研究［J］．中国工业经济，2015（1）：52-64.

［197］刘玉娟．金融发展影响出口产品技术复杂度的理论及实证分析［D］．湖南大学硕士学位论文，2012.

［198］陆建明，杨珍增．创新和生产的垂直分工与全球失衡：金融发展与金融开放的影响［J］．世界经济文汇，2011（4）：1-16.

［199］陆利香，胡超．国际分工深化、金融发展与贸易失衡［J］．广西民族大学学报（哲学社会科学版），2012（1）：125-129.

［200］逯宇铎，陈金平，陈阵．中国企业进口贸易持续时间的决定因素研究［J］．世界经济研究，2015（5）：42-51.

［201］吕红颜．金融发展与制造业出口的三元边际［D］．天津师范大学，2014.

［202］马丽芳．我国金融发展对出口贸易结构优化的影响研究［D］．湘潭大学，2012.

［203］马淑琴，王江杭．融资约束与异质性企业出口前沿研究述评［J］．

国际贸易问题，2014（11）：164-176.

［204］毛劲松，王有鑫．金融发展与地区工业制成品出口比较优势［J］．现代管理科学，2014（5）：85-88.

［205］毛毅．融资约束、金融发展与企业出口行为［J］．山西财经大学学报，2013（4）：9-19.

［206］茅锐，徐建炜，姚洋．经常账户失衡的根源——基于比较优势的国际分工［J］．金融研究，2012（12）：23-37.

［207］倪青山，曾帆．中国进口贸易关系持续时间及其影响因素的经验分析［J］．财经理论与实践，2013（2）：88-92.

［208］齐俊妍，王永进，施炳展，等．金融发展与出口技术复杂度［J］．世界经济，2011（7）：91-118.

［209］齐俊妍．金融发展条件下的贸易结构优化与出口促进［D］．南开大学博士学位论文，2005.

［210］齐俊妍．金融发展与贸易结构——基于HO模型的扩展分析［J］．国际贸易问题，2005（7）：15-19.

［211］齐俊妍．金融市场发展与贸易竞争力：基于中国各行业的面板数据分析［J］．世界经济研究，2010（5）：45-51.

［212］秦丽．金融发展与国际贸易之关系研究动态及分析框架构建［J］．现代财经——天津财经大学学报，2008（12）：19-24.

［213］邱斌，唐保庆，孙少勤，等．要素禀赋、制度红利与新型出口比较优势［J］．经济研究，2014（8）：107-119.

［214］沈能．金融发展与国际贸易的动态演进分析——基于中国的经验数据［J］．世界经济研究，2006（6）：53-58.

［215］盛开健．基于金融发展视角的中美经济失衡问题研究［D］．山东理工大学硕士学位论文，2014.

［216］盛雯雯．金融发展与国际贸易比较优势［J］．世界经济，2014（7）：142-166.

［217］施炳展，齐俊妍．金融发展、企业国际化形式与贸易收支［J］．世界经济，2011（5）：42-73.

［218］施炳展．金融发展提升贸易量的途径研究：跨国经验分析［J］．经济经纬，2011（3）：82-85.

［219］施炳展．中国出口增长的三元边际［J］．经济学（季刊），2010（4）：1311-1330.

［220］史龙祥，马宇．金融发展对出口结构优化的影响——基于中国制造业的检验与流动性过剩视角的分析［J］．财贸经济，2008（4）：105-110.

［221］史龙祥，马宇．金融发展对中国制造业出口结构优化影响的实证分析［J］．世界经济研究，2008（3）：37-41.

［222］舒杏，霍伟东，王佳．中国对新兴经济体国家出口持续时间及影响因素研究［J］．经济学家，2015（2）：16-26.

［223］孙灵燕，崔喜君．FDI、融资约束与民营企业出口——基于中国企业层面数据的经验分析［J］．世界经济研究，2011（1）：61-66.

［224］孙灵燕，李荣林．融资约束限制中国企业出口参与吗？［J］．经济学（季刊），2012（1）：231-252.

［225］孙灵燕．融资约束对企业出口的影响：中国的证据［D］．南开大学博士学位论文，2011.

［226］孙少勤，邱斌．金融发展与我国出口结构优化研究——基于区域差异视角的分析［J］．南开经济研究，2014（4）：17-31.

［227］孙兆斌．金融发展与出口商品结构优化［J］．国际贸易问题，2004（9）：64-67.

［228］谈儒勇．金融发展理论在90年代的发展［J］．中国人民大学学报，2000（2）：60-65.

［229］谭晶荣，童晓乐．中国与金砖国家贸易关系持续时间研究［J］．国际贸易问题，2014（4）：90-100.

［230］谭智，王翠竹，李冬阳．目的国制度质量与企业出口生存：来自中国

的证据［J］．数量经济技术经济研究，2014（8）：87-101.

［231］万璐，李娟．金融发展影响中国企业出口二元边际的实证研究［J］．南开经济研究，2014（4）：93-111.

［232］万璐．金融发展与中国出口增长——基于集约边际与扩展边际的二元视角［D］．对外经济贸易大学博士学位论文，2012.

［233］王利敏．我国金融发展对国际贸易发展的影响研究［D］．湖南大学，2009.

［234］王晓琴．金融发展对出口商品贸易结构优化的实证分析［D］．杭州电子科技大学，2013.

［235］吴昊．中国金融发展与出口结构优化研究［D］．重庆大学博士学位论文，2011.

［236］吴晓怡，邵军．金融发展、外部融资约束与出口平稳发展——基于贸易联系持续期视角的实证研究［J］．国际贸易问题，2014（7）：144-154.

［237］夏帆．中国出口贸易关系持续时间的经验研究［J］．经济问题探索，2012（2）：158-164.

［238］谢娓娓．金融发展对中国制造业各行业比较优势的影响分析［D］．湖南大学硕士学位论文，2012.

［239］徐建军，汪浩瀚．我国金融发展对国际贸易的影响机理阐释及经验证据［J］．国际贸易问题，2009（2）：100-107.

［240］徐建军，汪浩瀚．我国金融发展对国际贸易的影响及区域差异——基于跨省面板数据的协整分析和广义矩估计［J］．国际贸易问题，2008（4）：82-88.

［241］徐建炜，姚洋．国际分工新形态、金融市场发展与全球失衡［J］．世界经济，2010（3）：3-30.

［242］许和连，李娟，王海成．金融发展影响企业出口持续时间研究［J］．山东财经大学学报，2019，31（3）：48-61.

［243］阳佳余．金融发展与对外贸易：基于省际面板数据的经验研究［J］．

经济科学，2007（4）：46-57.

［244］阳佳余．融资约束与企业出口行为：基于工业企业数据的经验研究［J］．经济学（季刊），2012（4）：1503-1524.

［245］杨连星，张杰，金群．金融发展、融资约束与企业出口的三元边际［J］．国际贸易问题，2015（4）：95-105.

［246］杨珍增，陆建明．金融发展、国际分工与全球失衡［J］．世界经济研究，2011（3）：21-27.

［247］姚晓磊．金融发展差异与全球经济失衡［D］．吉林大学博士学位论文，2014.

［248］姚耀军．金融发展对出口贸易规模与结构的影响［J］．财经科学，2010（4）：25-31.

［249］于洪霞，龚六堂，陈玉宇．出口固定成本融资约束与企业出口行为［J］．经济研究，2011，46（04）：55-67.

［250］张海洋．中国工业部门R&D吸收能力与外资技术扩散［J］．管理世界，2005（6）：82-88.

［251］张杰，郑文平，束兰根．融资约束如何影响中国企业出口的二元边际？［J］．世界经济文汇，2013（4）：59-80.

［252］张杰．中国金融改革的检讨与进一步改革的途径［J］．经济研究，1995（5）：3-10.

［253］张芮．基于金融发展的经常项目失衡研究［D］．武汉科技大学硕士学位论文，2013.

［254］张亚斌，黎谧，李静文．制造业出口贸易生存分析与跨国比较研究［J］．国际贸易问题，2014（11）：3-13.

［255］赵春明，郭界秀．金融发展与比较优势关系研究评述［J］．经济学动态，2010（4）：126-131.

［256］赵静敏．金融发展对我国对外贸易的作用机理与传导途径研究［D］．中国矿业大学博士学位论文，2010.

［257］赵磊．金融发展对出口增长的影响——基于“新新贸易理论”的三元边际分析［D］．南开大学博士学位论文，2011.

［258］赵勇，雷达．金融发展、出口边际与“汇率不相关之谜”［J］．世界经济，2013（10）：3-26.

［259］郑雯．我国金融发展对出口贸易影响的区域差异［D］．浙江理工大学，2013.

［260］周永涛．金融发展、技术进步与对外贸易产业升级［D］．浙江工商大学博士学位论文，2012.

［261］朱彤，郝宏杰，秦丽．中国金融发展与对外贸易比较优势关系的经验分析——一种外部融资支持的视角［J］．南开经济研究，2007（3）：124-131.

［262］朱远清．金融发展对于我国出口贸易结构的影响［D］：南京大学，2013 .

后　记

本书是在我博士论文原稿上修改而成的。攻读博士学位的五年是我人生最忙碌而幸福的时光。回首过往，心中感慨良多，感激之情溢于言表。

在一流的财经院校获得博士学位为职业生涯奠定良好基础是我多年来奋斗的目标，感谢上海财经大学给了我这个平台。通过这个平台，我进一步夯实了经济学基础，学到了分析问题的方法，从更专业的角度思考问题，聆听了高水平的学术讲座，广泛阅读了学术文献，学会撰写实证学术论文。出国留学是我奋斗的另一个目标，感谢太原科技大学的资助让我在美国奥本大学访学一年，使自己具有国际化视野。在那里，我进一步提高了英语语言能力，论文阅读与写作能力，体验了什么是“生存”、什么是“发展”，多了几分从容与淡定。

特别感谢我的导师兰宜生教授，不管是学术还是人生，兰老师都站在比较高的高度去引导我，使我受益匪浅。“授之以鱼不如授之以渔”，在学习期间每当面临困惑的时候，兰老师总是在百忙之中抽出时间给我指点迷津、传授方法。兰老师的“厚德成功学”引导我如何成为德才兼备的学者。兰老师对学术的孜孜追求鞭笞着我不断前进。今后，无论身在何方，我都将在“兰花适宜生长的地方”汲取营养。感谢国际工商管理学院的郭羽诞教授、岳咬兴教授、鲍晓华教授，他们在我的论文选题与写作中提出了宝贵意见。感谢 LarryQiu、郁志豪、王根蓓、陈波、余智、陈伟智、朱琳可、张军、孙琪、周琼等老师，他们认真授课、答疑解惑、悉心指导使我进一步夯实了专业基础，他们大多数在美国和加拿大获得博士学位，在国内教学时参照国外名校要求学生，这使我能尽快适应美国的访学生活。感谢美国访学期间 Herry Thompth、赵东叶教授的指导与帮助。感谢运城学院党委书记薛耀文教授、山西财经大学吕春成教授、太原科技大学任利成教授在学术与职业发展道路上的引导。

感谢同窗好友刘晴、张源媛、李亚波、苏锦红、陈清萍、侯文平、范涛、高晓娜博士在学习期间的交流与讨论，相互支持与激励。感谢舍友范彩云、谭丽炎在生活上的关心与帮助。感谢奥本大学访学期间赵太太、陈磊与赵贤夫妇的无私帮助。

特别感谢我的父母，他们不光含辛茹苦把我抚养成人，更相信“教育改变生活”，竭尽全力为子女提供好的教育环境、解决学习工作后顾之忧，结合国家形势和自身特点为子女选择了适合的行业。感谢我的兄长，他不光为我树立了好的榜样，更在思想上引导我，困难时候帮助我，全力为我铺垫好的职业发展之路。感谢我爱人的宽容与理解，支持与鼓励，撑起家庭重担，使我可以专心学习。他们默默地为我付出，希望我能学有所成。

感谢母校上海财经大学的培养，感谢工作单位太原科技大学的资助与支持！

从上海财经大学博士毕业后返回太原科技大学继续从事教学科研工作，回到熟悉的同事身边，昔日的恩师或已退休，或已走向领导岗位，自己需成为中坚力量。学科评估、专业学位点申报让自己更加认识到肩上的责任，自己的科研关系到学科未来发展。本书的出版是博士阶段的总结，也是科研工作新的开始。

杜晓英

2022 年 9 月